JN438224

애산 김진호 목사의

북선전도약사

北鮮傳道畧史

이 기록은 애산 김진호 목사가
서울 삼청교회와 궁정교회에서
목회하던 중에
감리교회의 파송으로
1940년에
함경북도 청진에 가서
1947년까지 사역하며
청진교회를 비롯하여
5개의 감리교회들을
설립하고
목회를 하며 겪은
이야기이다

삼필문화사

〈북선전도약사(北鮮傳道畧史)〉

이 기록은 애산 김진호 목사가 서울 삼청교회와 궁정교회에서 목회하던 중에, 감리교회의 파송으로 1940년에 함경북도 청진에 가서 1947년까지 사역하며 청진교회를 비롯하여 5개의 감리교회들을 설립하고 목회를 하며 겪은 이야기이다.

※ 일러두기

〈북선전도약사(北鮮傳道畧史)〉의 원문은 국한문혼용체로 되어 있어 현대인들이 읽기에 어려움이 많았다. 그래서 오늘날 잘 사용하지 않는 낯선 어휘들을 쉬운 한글로 풀어 정리하였다.

본문에 사용된 지명들은 최대한 현대어 표기법에 맞게 교정하였으며, 어려운 한자 어휘의 경우 한글로 대체하거나 주석을 달았다.

또한 몇몇 부분은 이야기의 흐름에 맞추어 순서를 변경하였으나, 원문 내용에 최대한 충실하게 재구성하였으므로 그 감동과 느낌은 그대로 전해지리라 믿는다.

– 수정 및 편집, 박선호 –

북선전도약사(北鮮傳道畧史)

2011년 4월 10일 인쇄
2011년 4월 20일 펴냄

지은이 김진호
펴낸이 박순복
펴낸곳 삼필문화사
디자인 박은영
인 쇄 대양기획

가 격 12,000원

등록 1991년 11월 1일 가 제17-76호
주소 서울시 강동구 암사동 478-9 예수원교회
전화 02. 441-2087 / 010. 4276-3207
팩스 02. 429-8864

ISBN 978-89-85630-15-3

차 례

청진교회 창립 기념(1940. 1. 23)

청진교회 이권찬 목사 부흥회 기념(1941. 2. 23)

경성 교회 직원(1941. 2. 12)

정춘수 감독 청진 방문(1941. 6. 8)

송별기념(1941. 8. 13)

청진 경성 원수대(1941. 9. 23)

청진 경성교회 강태희 목사 부흥회(1942)

청진 자혜원 실천 여학원 창립기념

청진 자혜원 보육원 및 탁아원 기념(1942. 5. 20)

이원구 전별회(1942)

청진 경성교회 변성옥 목사 부흥회(1946. 8. 28)

청진 경성교회 변성옥 목사 부흥회(1946. 8. 28)

김진호 목사 청진 떠날때(1947. 6. 5)

신종악 자부 손익숙

자 (1941. 12생)

해제(解題)와 감사의 말씀

역사의 자료, 목회의 살아있는 교과서, 민족수난의 증언

유 관 지(劉寬之) 목사
감리교북한교회연구원(NCRC) 원장. 哲博

「북선전도약사(北鮮傳道略史)」는 한국 감리교회가 배출한 걸출한 목회자요, 민족운동가인 애산(愛山) 김진호(金鎭浩) 목사님이 1940년에 함경북도 청진에 파송을 받아 다섯 개의 감리교회들을 설립하고, 일제강점기 말기의 어려움과 8·15 뒤의 혼란, 옥고, 그리고 1947년에 청진을 떠나 평양을 거쳐 남으로 귀환하기까지의 일들을 적은 수기이다.

김진호 목사님은 8·15를 맞이하여 감격의 눈물을 하염없이 흘리셨지만 8·15를 "해방"이라고 하지 않고 "사변"이라고 적고 있다. 해방 뒤에 찾아온 것은 일제보다 더 혹독한 공산통치였기에 그렇게 하신 것이다.

한국에 들어온 감리교(미감리회·남감리회)와 장로교(북장로회 · 남장로회 · 오스트레일리아장로회 · 캐나다 장로회) 선교사들은 선교구역을 나누어서 선교를 하였다. 이 선교구역 분할협상은 1892년부터 논의가 시작되어 1909년에 마무리되었다.

이 선교구역분할협정은 처음에는 엄정하게 지켜졌다. 어느 곳에 장로교회가 있었는데 그곳이 감리교 선교구역으로 결정되었으면 그 교회는 감리교회가 되고 그곳의 장로교 선교사들은 철수한 사례도 몇 있었다. 대표적인 경우가 한동안 6·25 때 폭격으로 파괴된 예배당의 복원이 거론되다가 현재 중단된 상태에 있는 철원제일감리교회이다.

함경북도와 함경남도는 모두 캐나다장로회의 선교구역이었다. 따라서 함경도에는 장로교회들이 많았고 선교구역분할협정의 제약을 받지 않는 성결교 · 침례교(당시 이름 동아기독교) · 구세군 · 복음교회의 교회들이 있었다. 감리교회는 공동선교구역인 원산을 제외하고는 하나도 없었다. 북의 행정구역 개편으로 원산은 현재는 북의 강원도에 속해 있으며 도 인민정부 소재지가 되어 있다.

그런데 1930년대 말에 와서는 이 선교구역 분할협정이 조금씩 깨지기 시작했다. 이 무렵에 장로교에서는 감리교 선교구역이었던 춘천에 장로교회를 설립하고, 해방 후에는 옹진(甕津)을 비롯한 서해안에 토마스순교기념전도대를 파송하기도 하였다.

1939년 5월 3일부터10일까지 정동제일교회에서 열린 감리교 제7회 동부 · 중부 · 서부 합동연회의 세 연회 전도위원 보고에는 다음과 같은 대목이 들어있다.

二. 今番 年會에서 左記事項을 緊急히 決議하야 年會卽後로 實行하기를 要望함.

1. 已爲 長監區域이 撤廢된 以上 重要地域에 監理敎會를 擴張할 것

이 연회 이후, 당시 감독이던 정춘수(鄭春洙) 목사는 삼청교회와 궁정교회를 담임하고 있던 김진호 목사님에게 청진으로 가줄 것을 요청하였다. 청진은 함경북도의 수부(首府)로서 전도위원회에서 말한 "중요지역"으로 제일 먼저 꼽을 수 있는 곳이었다. 청진에는 당시 자생적으로 발생한 감리교회가 있었으나 내부 갈등이 심해 제 기능을 발휘하지 못하고 있는 형편이었다.

김진호 목사님은 이 요청을 사양하지 않았으나 담임하고 있던 교회의 교인들이 반대하여 김 목사님의 청진행은 해를 넘겨 1940년 6월 27일에 이루어졌다. 그 이후 다시 해방된 서울로 돌아온 1947년 6월 16일까지, 김 목사님은 만 7년을 청진에 머물면서 청진교회를 정상화시키고, 경성(境城) · 주을(朱乙) · 생기령(生氣嶺) · 어항(漁港)에 감리교회를 세우고 돌보았다.

경성은 한 때는 함경북도의 도청소재지였던 곳이다. 함경도라는 도명(道名)을 함흥에서 '함'을, 경성에서 '경'을 따서 만들 정도로 함경도의 중심지였다. 또 주을은 온천으로, 생기령은 고령토 탄광으로, 어항은 수산업으로 번성한 곳이었다. 모두 교회가 필요한 요지들이었다.

그 7년 동안에 김 목사님이 겪은 고초는 이루 말할 수가 없었다. 교회의 극심한 내분에 시달려 심지어는 난동을 당하기도 했고, 경찰서 출입을 여러 차례 하였다. 소련군과 일본군의 전투로 인해 힘겨운 피난살이를 하였고 소련 군정과 공산정권 밑에서 50여 일의 구금생활을 겪었다. 내일을 기약하기 어려운 구금생활 가운데에서도 오로지 기도에 힘쓰며 동료 수인들에게도 기도를 가르치는 김 목사님의 모습은 옥중의 바울을 생각나게 하며 읽는 이의 마음을 숙연하게 만든다. 경제적인 어려움이 심해 부인(徐淑子 사모)이 삯바느질과 빨래를 하여 식생활을 해결하기도 하였고 때로는 십 리 밖에서 물을 길어다 먹는 일도 있었다.

이 기록에는 그와 같은 일들이 아주 자세하게, 눈에 보이듯이 담겨 있다.

이 기록과 연관해서 필자는 모르던 것을 많이 알게 되었다.

이 기록의 앞부분에 청진에 막 부임한 김 목사님이 구세군의 전용섭(全龍涉)사관에게 거할 집을 소개해 달라고 부탁하는 이야기가 나온다. 전용섭 사관님은 뒤에 한국 구세군 최초의 사령관이 된 분으로서, 복음교회 총회장과 NCCK 회장을 역임한 전병호(全炳昊) 목사(군산나운복음교회 담임)의 선친이다.

전병호 목사는 필자와 신학대 동창이며 막역한 사이이다. 「북선전도약사」를 읽고 나서 얼마 뒤에 군산에 갈 기회가 있었는데 전 목사를 만나 이런 대화를 나눴다.

"청진의 교회에 대한 기록을 하나 읽었는데 선친의 존함이 나오더군."

"응, 아버지는 해방 전에 청진에서 목회하셨어. 그 때 나는 어머니 태중(胎中)에 있었지. 아버지가 청진에서 개영(開營: 교회 개척 설립)을 하셨는데 구세군 군우(軍友: 교인)들이 북을 치며 청진 시내를 행진하는 사진이 지금도 있어. 그 때 구세군 군우 가운데 뒤에 논산 훈련소 소장이 되신 분이 있어서 내가 입대했을 때 덕 좀 보았지. 청진 부근에는 복음교회들도 있었어."

"무슨 소리야? 북한에 복음교회들이 있었다는 기록은 본 일이 없는데…."

"아니야. 복음교회 설립자인 최태용(崔泰瑢) 목사님이 함경도 분이어서 함경도 일대에 교회들을 여럿 세웠어!"

그러면서 「복음교회사」의 저자이기도 한 전 목사는 복음교회가 있었던 곳들과 복음교회 출신 인사들의 이름을 여럿 들었다.

「북선전도약사」 덕분에 내가 하는 일과 연관하여 뜻밖의 수확을 거둔 것이다. 이 기록이 출판됨으로 다른 사람들에게도 이런 수확들이 더 풍성해지기를 기대하고 있다.

이 기록은 먼저 사료(史料)로서 중요한 의미를 갖는다.

흔히 한국교회의 암흑기라고 불리는 1940년대 전반, 그래서 남아있는 기록이 별로 많지 않은 시기의 일을, 비록 한 지역의 일이기는 하지만 소상하게 전해 주고 있다.

해방 이후는 혼란기로서 역시 기록이 별로 없다. 감리교의 경우 평양을 중심으로 한 일들은 일부 자료가 전해지고 있으나 함경도 쪽의 기록은 이 「북선전도약사」가 유일한 것이 아닐까 한다.

이 기록은 또한 목회수기로서 생생한 감동을 준다.

70이 다 된 노구를 이끌고 교단의 오지(奧地)라고 할 수 밖에 없는 곳으로 향하는 그 열의, 잠시도 쉬지 않고 온갖 장애와 싸우며 인근 각지에 교회를 세우고 돌보는 김 목사님의 행적 앞에 우리는 무릎을 꿇고 경의를 표하지 않을 수가 없다.

이 기록은 교회를 넘어서 민족수난의 증언이기도 하다.

김 목사님은 여기에서 해방 전후의 혼란 가운데 민초들이 겪은 어려움, 공산학정을 피해 남으로 내려오는 월남민들이 월남과정에서 겪은 일들을 세세하게 밝혀주고 있다.

작년(2010년) 6월, 북한교회연구원 사무실 이전 예배에 왔던 김주황 목사님으로부터 「북선전도약사」가 있다는 말을 듣고 볼 수 있겠느냐고 했더니 메일로 보내주었다. 국한문혼용체로 된, 짧지 않은 분량의 기록이었으나 잠시도 눈을 떼지 못하고 한자리에서 다 읽었다. 읽으면서 때때로 먼 하늘을 바라보며 거봉(巨峰)과 같은 선배를 향해 마음으로 머리를 숙여 경의를 표하였다.

필자는 북한에 있었던 교회들에 대해 이야기를 나누는 주간 방송 프로그램을 진행하고 있는데 김주황 목사님의 허락을 얻어 3회에 걸쳐 청진에 있었던 감리교회들의 이야기를 하였다. 이 책을 내면서 김주황 목사님이 그 방송 원고를 싣겠다고 하기에 고소원(固所願)이나 불감청(不敢請)이라고 하였다.

이 기록을 대하면서 큰 감사를 드리지 않을 수 없다.

먼저 작년으로 소천 반세기가 된 김진호 목사님께, 목회와 전도의 귀감을 보여주신 점을 먼저 감사하고, 이렇게 좋은 기록을 남겨 주신 것에 대해서도 감사를 드린다.

김 목사님은 첫 번째 기록을 구금생활을 할 때 보안서원들에게 압수당하고 찾지 못하게 되자, 두 번째로 붓을 들어 이 기록을 작성하셨다. 체험한 분들이 많겠지만, 다시 쓰기가 새로 쓰는 것보다 더 힘이 드는 법인데 김 목사님은 그 수고를 마다하지 않으셨다. 김진호 목사님은 1910년대에 YMCA 학원에서 한문과 역사를 가르치셨고 해방직후 청진의 여러 교육기관에서 역사와 한글 강습을 하시기도 하였다.

이 기록에는 역사가로서의 김 목사님의 기량과 체취가 그대로 담겨 있다.

김 목사님이 신앙생활을 시작한 상동교회에는 김 목사님의 스승이었던(나이는 김 목사님이 두 살 위였다) 전덕기(全德基) 목사님의 일생을 적은 "고 목사 전공덕기기념비(故 牧師 全公德基記念碑)" 비문이 보존되어 있다. 이 비문도 김진호 목사님이 지었는데 전덕기 목사님 연구의 기본 자료로 활용되고 있다. 필자도 이 자료의 도움을 많이 받았다.

이 기록을 비롯하여 김진호 목사님이 남긴 기록을 소중하게 보관하고 그것을 세상에 펴내기 위해 힘쓰고 있는 후손들에게 감사를 드린다.

특히 손자 되는 김주황 목사님이 용인서 지방에 교회를 개척하고 할아버지의 호를 따서 애산교회라고 이름 짓고, 할아버지의 정신을 이어 받기 위해 힘쓰면서 목회에 전념하고 있는 것을 보며 김진호 목사님이 천국에서 매우 기뻐하시리라고 믿는다. 필자가 초대감리사로 용인서 지방을 섬기고 있을 때 애산교회 기공예배가 있었는데 그 예배를 집례 할 수 있었던 것은 돌이켜 생각하니 분에 넘치는 영광이 아닐 수 없다.

이 귀한 기록을 펴내기 위해 수고한 분들 모두에게도 머리 숙여 감사드리면서 이 「북선전도약사」가 널리 읽히고 활용되는 가운데 그 감동과 교훈이 진하고 강하게 퍼져나가기를 간절한 마음으로 기원한다.

2011년 사순절에

아만재(雅晚齋)에서

머리말

전에 기록해 두었던 나의 설교와 기록들은 교회서류, 〈조선어문법〉, 〈조선사〉 등과 함께 보안서원(保安署員)들의 가택 수사 시에 모두 압수되었다. 구류된 지 50여 일 만에 석방된 나는 보안서[1]에 가서 압수된 서류들의 반환을 요구하였으나 거절당하였다. 나는 그 중에서 가장 중요한 〈북선전도약사(北鮮傳道畧史)〉를 다시 기록해 두기로 하였다. 그러나 다시 글을 쓰자니 나이가 들어 불과 몇 년 전의 일도 열에 하나를 떠올리기가 힘들었다.

그 후에 남북이 분단되어 서로 만날 길이 막혔으니, 내가 죽은 뒤에 후손들이 너무 슬퍼하지 않을까 하여 이 기록을 아내 숙자에게 부탁하여 전해달라고 하려던 것이었다. 이 글은 읽는 이에게 사사로운 감흥을 주거나 나의 행적을 남기기 위한 것은 결코 아니니, 자손들은 나의 본심을 알아주기를 바란다.

김진호(金鎭浩) 목사

---

1) 북한의 사회질서 유지기관. 남한의 경찰서와 같음.

다섯 교회를 세우다

1935년 봄, 나는 배재학당의 교직을 그만두고 삼청동과 궁정동에 있는 두 작은 교회의[2] 담임목사를 맡게 되었다.

당시 이 두 교회는 교우들이 모두 흩어져서 교회가 문을 닫을 지경이었다. 나는 설교보다 전도에 더 뜻을 두어 열심히 전도하고 심방하였다. 그 결과 교우들이 다시 모이기 시작하여 교회가 점점 부흥하기 시작하였다. 교우들은 늙은 나를 목사로서가 아닌 친아버지와 같이 생각하였기 때문에 나 또한 이 교회를 위해 죽을 때까지 일하리라 생각하였다.

그러던 중, 뜻밖에도 감리교 본부에서 나를 초청하여 함경북도 지방의 전도를 부탁하였다. 나는 감독 정춘수(鄭春洙) 씨를 만나 "우리 감리교에는 청년 목사들이 이백여 명이나 있는데 하필이면 저 같은 늙은이에게 이런 중요한 일을 맡기십니까?" 하고 물었다. 그러자 정 감독은 "청진교회가 설립되기 전부터 교인들 사이에 다툼이 있어 청년 목사들에게 맡기면 더 큰 문제가 생기진 않을까 걱정되어 부득이 김 목사님을 보내려는 것입니다. 부디 사양하진 말아주십시오." 하고 부탁하는 것이었다.

청진교회로의 파송을 승낙하자 삼청동과 궁정동 두 교회에서는 나를 보내지 않으려고 서명을 하여 감리회 본부에 청원을 넣었다. 내가 결국 정 감독은 내년 봄에 다시 나를 불러 그 일을 맡기기로 하였다.

---

2) 현재 서울 종로구 삼청동에 있는 삼청교회와 청운동에 있는 궁정교회를 말함.

이듬해 1940년 6월 24일, 서울의 교역자들이 모여 나를 초청하였다. 그곳에서 어느 청년 목사가 말하길 "본부에서 저에게 청진의 전도를 지시하였는데, 저는 모험을 할 용기가 나지 않아 그 일을 맡지 않았습니다. 그런데 연세 드신 목사님께서 그 일을 맡으시니 저희 청년들은 부끄러울 따름입니다."라고 하였다.

그로부터 사흘 뒤인 6월 27일 오후 4시, 서울역에서 아내 숙자와 함께 북행열차를 타고 이튿날 아침 8시에 청진(淸津)역에 도착했다. 열차에서 내리자 10여 명에 가까운 교인들이 역 좌우에 늘어서 있는데, 두 편으로 나뉘어 서로 자신들을 따라오라고 하니 기분이 이상했다.

왼쪽 사람은 전도사 안홍석 씨인데 칠팔 명의 사람들이 함께 있었고, 오른쪽 사람은 권사 최주경 씨인데 두세 명이 함께 있었다. 나는 정 감독의 말을 들었던지라 처음부터 교회 내의 파벌분쟁에 휘둘리지 않게 조심할 필요가 있다고 생각하였다. 그래서 나는 그들에게 "나는 여러분들을 따라가지 않고 여관으로 가겠습니다." 하고 말한 뒤, 자동차를 불러서 아내와 함께 성결교를 믿는 박희천 씨의 여관으로 향했다. 그러자 두 파의 교우들도 우리를 따라 여관으로 몰려왔다.

여관으로 찾아온 안홍석, 최주경 두 사람은 인사도 하기 전에 서로의 옳고 그름을 두고 언성을 높이기 시작했다. 나는 "여러분 용서하시오, 밤새도록 차멀미에 시달려 여러분과 이야기할 힘조차 없으니 조금 정돈된 후 오늘 오후 여섯 시에 다시 오셨으면 합니다." 하고는 교우들에게 함께 기도하자고 부탁하여 잠깐 기도를 드렸다. 그리고 교우들을 돌려보낸 후 피곤한 몸을 자리에 뉘였다.

저녁식사를 마치자 두 파의 교우들이 다시 모여들었다. 양측이 주장하는 말을 다 들어보니 별로 다툴 만한 일이 아니고 다만 어느 쪽에 권리가 있느냐는 문제뿐이었다. 그래서 나는 "여러분, 저는 옳고 그름을 판단해주려고 이곳에 온 사람이 아닙니다. 다만 여러분의 종이 되어 섬기며 주님의 뜻을 따르려고 온 사람입니다. 이렇게 교우들 사이에 서로 다투는 것은 주님의 뜻이 아닙니다." 하고 말한 뒤, 그들과 함께 성경을 보고 기도를 드렸다.

내가 서로간의 화해를 권하자 안흥석 씨는 회개하고 기도를 드렸으나, 최주경 씨는 조금도 마음을 누그러뜨리지 않았다. 그러자 안흥석 씨는 최주경 씨가 교회를 나가는 것이 마땅하다고 주장하였다.

나는 불과 십여 명의 교우가 서로 갈라져 두 곳에 예배를 드리고 있는 이야기를 듣고, 그 자리에서 이렇게 선언하였다.

"나는 어느 편에도 치우치지 않을 생각입니다. 내일이 일요일이니, 내일 아침에는 먼저 감리교 문패를 단 예배당에 가서 예배를 드리고, 저녁에는 다른 쪽 예배당에 가서 예배를 드리겠습니다."

이튿날 일요일 아침에 교우 손영춘 씨의 인도로 감리교 문패를 달고 있다는 집에 가보니 문패는 이미 안흥석 씨가 떼어간 뒤였다. 그 집에 최주경 파의 교인 세 명이 모여 있었는데, 남자가 둘이고 여자가 하나였다.

나는 교인들 사이에서 옳고 그름을 가리는 대신, 마태복음 5장 23절에서부터 24절까지 "그러므로 예물을 제단에 드리다가 거기서 네 형제에게 원망들을 만한 일이 있는 줄 생각나거든 예물을 제단 앞에 두고 먼저 가서 형제와 화목하고, 그 후에 와서 예물을 드리라"는 구절을 읽었다. 그러고 나서 "남을 미워하는 사람은 예배를 드리기에 합당하지 못합니다." 하고 말하였더니, 세 사람은 이내 자신의 죄를 뉘우치고 사죄의 기도를 드렸다.

예배를 마친 후에 여관으로 돌아오니 안흥석 파의 교인 십여 명이 와서 기다리고 있었다. 나는 그들과 함께 기도를 드리고 최주경 파와의 화해를 권하였다. 그리고 저녁에 안흥석 씨의 교회에 가서 예배를 드리고 설교를 하는데, 그곳에 모인 교인수가 삼십여 명이나 되었다. 안흥석 씨는 교회를 위해 열심히 일하기는 하지만 성격이 모난 데가 있어서, 나는 다시 한 번 그에게 최주경 씨와 화해할 것을 부탁하였다.

이렇게 두 교회를 오가며 예배를 인도하던 중, 하루는 최주경 파의 교인인 손영춘 씨에게 "목사가 본 교회를 버리고 반역교회에서 예배를 인도하는 것은 옳지 않습니다."라는 말을 들었다. 그래서 나는 "양쪽 모두 예배를 드리는 교회일 뿐, 안흥석 씨의 교회라고 하여 반역교회는 아닙니다. 교회를 다시 합치기 위해 노력하고 있으니 조금만 기다려보십시오." 하고 대답하였다. 내가 한 말 때문인지 그날 저녁엔 예배 분위기가 상당히 어수선했다.

며칠 동안 지켜보아도 두 교회를 합하는 것은 도저히 불가능해 보였다. 결국에는 나의 부족함을 깨닫고 주님께 기도를 드리다가, '차라리 두 교회를 다 버리고 따로 한 곳에 교회를 정하여 원하는 사람은 오라고 할까?' 하고 생각하였다. 그러나 이 역시 내 속에서 나온 어리석은 생각이라는 사실을 깨닫지 못하였다.

하루는 최주경 권사와 함께 구세군 사관 전용섭(全龍涉) 씨[3)]를 찾아가 "당신의 교우 중에 집을 세주는 사람이 있으면 한 곳을 얻어주십시오." 하고 부탁하였다. 그리고 최주경 씨와 헤어져 집으로 돌아왔다. 당시에는 여관을 나와 도축장을 하는 이진순 씨의 댁에 세를 들어 머물고 있었다.

저녁이 되자 최주경 권사가 찾아와서 내게 "목사가 전 사관에게 부탁한 집은 알아보지 않기로 하였으니 그렇게 아십시오." 하고 말하였다. 그래서 나는 "목사가 정해놓은 일을 최 선생이 마음대로 중지시키는 것은 옳지 못합니다." 하고 대답하였더니, 최주경 씨는 별안간 두 주먹을 불끈 쥐고 달려들며 "네가 무슨 상관이냐!" 하고 언성을 높였다. 내가 다시 "교회는 목사가 맡은 것이니 최 선생은 상관하지 마시오."라고 말하자 그는 더욱 언성을 높이며 달려들었다. 나는 믿지 않는 사람들 보기가 부끄러워 최주경 권사를 달래며 속으로 돌아가길 빌었다.

간신히 최주경 씨를 돌려보낸 뒤 생각해보니, 청진에 부임한지

3) 전용섭 사관에 대해서는 '해제와 감사의 말씀'을 참고할 것.

며칠 지나지 않아 교우와 원수가 되는 것은 옳지 않다는 생각이 들었다. 그래서 이튿날 아침 일어나자마자 최주경 씨를 찾아가 "어제 일은 잊어버리시오. 서로 혈기가 지나쳐 나온 말입니다. 우리가 이렇게 서로 다투는 것은 하나님께서도 좋게 보시지 않습니다. 아무쪼록 안홍석 씨와도 화해하여 함께 예배를 드립시다." 하고 권하였다. 그러나 그는 결코 그럴 순 없다고 하였다. "그럼 최 선생은 따로 예배 드리길 원합니까?" 하고 물으니 그렇다고 대답하는 것이었다. 결국 나는 집으로 돌아올 수밖에 없었다.

그 다음 주일 저녁에 안홍석 씨의 교회에 가서 예배를 드리기 전, 나는 "여러분이 저를 목사로 맞아들이시려면 목사의 말에 순종하십시오. 저는 여러분이 오늘 저녁부터 예전에 감리교회 문패를 달았던 교회에 가서 합동예배를 드렸으면 합니다." 하고 광고하였다. 그러자 여러 사람의 의견이 분분하다가 교인 중에 조홍기 씨가 일어서서 "우리가 목사님을 진심으로 모시려면 그 말씀에 순종하는 것이 도리에 맞습니다. 금일 저녁부터 합동예배를 드립시다." 하고 말하였다. 그 말에 이십 여명의 교인들이 일제히 일어나 최주경 씨의 교회로 갔다. 이것은 내가 이곳 청진에 온 이후 처음으로 겪은 믿음의 성공이자 승리였다.

최주경 씨의 교회로 들어가자 최주경 파의 사람들은 모두 뜻밖이라는 표정으로 서로 쳐다보기만 할 뿐 누구 하나 나와서 맞이하는 이가 없었다. 그들은 교회를 나누자고 주장하던 사람들이어서 그런지 오히려 불쾌한 표정이었다. 그날 저녁예배는 '믿는 사람에겐 원수가 없다'는 주제로 설교하고 폐회하였다.

이튿날, 아내와 함께 김엘리사벳의 집을 심방하여 찾아가니 최주경 씨가 먼저 그 집 안방에 와서 앉아있었다. 그는 나를 보고도 본척 만척 하다가 예배를 드리기 직전에 갑자기 죄인을 심문하는 말투로 물었다.

"네가 나를 쫓아내려고 여기에 교회를 설립하라고 했지?"

"두 교회를 합치지 못하면 새 교회를 설립하려던 것은 맞소. 그러나 엘리사벳의 집에 교회를 설립하려고 한 적은 없소. 그저 어느 곳에든지 예배당을 만들려고 했을 뿐이오."

내 대답에 최 씨는 죽이겠다는 듯 욕설을 퍼부으며 달려들기 시작했다. 그 모습에 아내 숙자가 보다 못해 "최주경 씨는 아버지도 할아버지도 없습니까? 칠십 노인이 무슨 죄가 있다고 그렇게 위협합니까?" 하고 말했더니, 이번엔 아내에게 달려들며 "이년, 네가 무슨 상관이냐?" 하고 욕설을 퍼부었다. 욕이 너무 심하여 당장에 무슨 일이라도 낼 듯한 태도였다. 게다가 집주인 엘리사벳의 태도마저 돌변하여 최주경에게 협조하는 듯한 모습이었다.

결국 우리 부부는 그 자리를 떠나 집으로 돌아왔다. 그리고 낙치산 밑에 가 엎드려 기도를 드리며 "이 모든 것이 저의 부족이오니 용서하십시오. 끝까지 참으며 교우들과 다투지 않겠습니다." 하고 결심하였다.

그 다음 주일이 되자 최주경 씨는 아무 말도 없이 와서 예배에 참석하였다. 그가 내게 사과를 하지는 않았지만, 교회에 나오는 것만으로도 고맙다는 생각이 들어 감사기도를 드렸다.

"이것은 주께서 나를 사랑하셔서 시험을 주시고 더욱 겸손하라고 가르치신 것입니다."

이듬해인 1941년 1월의 어느 날, 함경북도 경성(鏡城)에 사는 장로교인 신종악 씨가 나를 찾아왔다. 나보고 자기 집 교회의 저녁예배를 인도해 달라는 것이었다. 그래서 청진교회의 예배는 임원들에게 맡기고 전도사 안홍석 씨와 함께 경성으로 갔다.

경성에 도착한 나는 신종악 씨에게 과거 배재학당에서 공부하던 윤우현 군에 대해 물어보니 모른다고 하였다. 윤우현군은 경성의 유지인 윤호열 씨의 양자였다. 윤호열 씨는 일찍이 아들이 없어 우현 군을 양자로 삼았지만, 후에 그의 아내가 아들 상현 군을 낳아 비로소 장손을 얻게 되었다. 그 뒤 양자인 우현 군은 상현 군과 함께 배재학당에서 공부하였다.

윤호열 씨의 딸인 숙경 양은 상동교회(尙洞敎會)에 있는 공옥여학교(攻玉女學校)4)에서 공부하던 중 유길준 씨의 장자와 결혼을 했는데, 부부가 함께 상동교회에 다니고 있다. 윤호열 씨 역시 서울에 와서 살면서 교회에 다니고 있다고 들었지만 최근엔 만난 적이 없었다. 그래서 나는 혹시나 우현 군을 만나볼 수 있을까 하고 사방으로 수소문해보았지만 소식을 알 길이 없었던 것이다.

그날 저녁에 신종악 씨의 사설교회에서 설교를 한 뒤, 그 집에서 하룻밤을 묵으면서 교회의 유래에 대해 듣게 되었다. 신 씨는 본래 술을 좋아하는 사람이었는데 그의 부인 엘리사벳이 전도를 하여 하나님을 믿게 되었다고 한다. 그가 술과 담배를 끊자 그 동네에 있던 술집 두 곳이 문을 닫게 되었고, 그 뒤 신 씨는 술과 담배를 사던 돈을 모아 작은 기도실을 지어놓고 매일같이 기도를 드렸다고 한다. 그런데 다른 장로교인들이 신 씨의 이러한 행동을 못마땅하게 생각해서 일요일에도 집에서 따로 예배를 드리게 되었다는 것이었다.

또한 신종악 씨는 실성한 청년 김귀손 군을 몇 년 동안이나 자신의 집 문간방에 데리고 살며 보살펴주고 있었다. 김귀손 군은 함경북도 무산(茂山) 태생으로, 일찍이 사회주의운동을 하다가 일본경찰에 붙잡혀 심한 고문을 당한 뒤 정신에 이상이 생겼다고 한다. 그 이후로 김 군은 산과 들로 돌아다니며 헛소리를 하고, 사람을 때리고 함부로 욕을 해서 아무도 그를 상대하지 않았는데, 오로지 신종악 씨만이 그를 보살펴주었다고 한다. 그 때문인지 김 군은 신종악 씨의 말이라면 무엇이든 따르게 되었는데, 그 모습을 보고 사람들은 신 씨에게 칭찬을 아끼지 않았다고 한다.

다음날 새벽, 예배당에 들어가니 신종악 씨가 이 예배당을 하나님께 바치겠다며 내게 헌당식을 부탁해왔다. 그래서 나는 열왕기상 8장 12절에서부터 52절까지를 읽고 기도를 드린 뒤, 준비해 놓은

---

4) 상동학교에서 설립한 교육기관. 1899년에 초등교육기관으로 설립되어 발전하였다. 김진호 목사는 이 학교의 초창기에 이회영(李會榮) 선생을 비롯하여 독립운동가들과 함께 학생들을 가르쳤다.

다과를 먹고 버스를 타고 집으로 돌아왔다.

이 이야기를 전해들은 최주경 파 교인들은 "굳이 장로교인이었던 사람의 집에 감리교회를 설립할 필요가 있느냐?"며 내게 불만을 토로했다. 그래서 나는 "설립이 아니고 전도를 하고 왔다."고 대답하였다. 그들이 내게 불만을 갖는 이유는 나의 잘못도 있겠지만, 사실은 안흥석 씨와 최주경 씨 두 사람간의 다툼이 원인이었다. 얼마 전 안흥석 씨와 함께 경성에 다녀온 사실을 증거로 들면서 목사가 안흥석 씨의 편만 든다는 것이었다.

사실 안흥석 씨는 교회 일에 열성적이어서 항상 솔선수범하고 전도에도 열심인 반면, 최주경 씨는 소극적이어서 언제나 이론만 내세우고 당파를 만들어 분쟁을 일으키는 까닭에 전도에 오히려 방해가 되었다. 그러나 어떠한 방해가 있더라도 주님을 위해 끝까지 전도하리라고 생각하며 기도로 다짐했다.

1941년 2월, 유사부장 이원구 씨의 소개로 월세 오십 원을 주고 화원동(花園洞)으로 예배당을 옮기게 되었다. 기존의 예배당이 너무 좁아서 좀 더 큰 건물로 옮겨가게 된 것이다. 새 예배당은 백여 명이 함께 예배를 드릴 수 있을 만큼 넓었다.

예배당을 옮긴 뒤, 나는 이권찬(李權燦) 목사를 초청하여 일주일간 부흥회를 열었다. 그리고 부흥회에서 모인 헌금으로 새 예배당 건물을 구입하려고 하였으나, 최주경 파와 안흥석 파 사이의 의견충돌로 중지되었다.

그로부터 며칠 뒤, 경성에서 신종악 씨 등 아홉 명이 함께 서명을 하여 교회를 설립하겠다고 신고해왔다. 나는 이번 교회설립을 마음대로 결정할 수 없어서 그 문제를 직원회의에 상정하였다. 그 회의에서 신종악 씨는 원래 장로교인이었으니 경성의 장로교 본회장 한 모 씨와 이야기하여 교회의 설립 여부를 정하자고 결론이 났다. 그리고 한 모 씨를 잘 알고 있다는 이기수 씨가 이번 교섭을 맡게 되었다.

그 후 이기수 씨가 한 모 씨를 만나기 위해 몇 번이나 나남(羅南)으로 찾아갔으나 만날 수 없었고, 나 또한 몇 차례 찾아갔지만 그를 만나지 못했다. 그래서 신종악 씨의 교회설립 문제를 메모해서 남겨놓고 답장을 기다렸으나 아무런 소식이 없었고, 그 후 내가 감리교 대표자격으로 한 모 씨에게 공식서신을 보내기도 했으나 역시 회답이 없었다.

나는 한 모 씨의 무례함을 더 이상 참을 수가 없어서 경성에 가서 감리교회의 법대로 교회임원을 조직하고 본부에 보고하였더니, 1941년 3월에 감독 정춘수 씨의 명의로 교회설립이 인가되었다. 그 후 교회에 감리교 문패를 달고 그 해 전도사 한국보(韓國補) 씨를 담임목사로 초빙하였다.

이 일이 있은 후, 안흥석 씨가 스스로 경성교회의 설립자라고 떠들고 다니자, 최주경 파 사람들은 목사가 안흥석 씨를 너무 옹호해줘서 안 씨가 오만해졌다고 불만을 표시하였다.

1941년 5월, 교회에서 수성(輸城)으로 야외예배를 다녀온 뒤의 일이었다. 그날 밤 진승준 속장이 목사사택을 찾아와 이야기를 나누다 돌아갔는데, 이튿날 유사(有司) 이학권 씨를 찾아갔더니 "저는 유사 직분을 그만 두겠습니다." 하고 말하는 것이 아닌가? 당시는 이 씨가 헝겊신을 만드는 공장을 설립하여, 최주경 씨가 그 공장의 감독으로 있었던 때였다.

내가 왜 그러느냐고 묻자, 옆에 있던 최주경이 마치 죄인을 심문하는 듯한 말투로 물었다.

"어젯밤 목사사택에서 진 속장과 무슨 이야기를 하지 않았습니까?"

"그런 일이 있었소."

"내가 밤이 깊어 돌아오는 길에 창밖에서 엿듣고 있었지요. 그 자리에서 목사님이 이학권 씨의 회계를 두고 악평을 했지요?"

"그런 일은 없었소."

"그럼 최주경에게 설교를 맡길 수 없다고 말하지는 않았습니까?"

"그 말은 맞소. 모든 교인들이 원하지 않으니 최 선생에겐 설교를 맡길 수 없다고 하였소."

내가 대답하자 최 씨는 "이 놈을 내가 이번엔 반드시 때려죽인다!" 하며 앉아있던 의자를 번쩍 들어 달려들었다. 옆에 있던 이학권 씨가 최 씨를 말려 간신히 멈추게 하였으나, "법보다 주먹이 가깝다."는 말이 절로 떠오르지 않을 수 없었다.

그러나 한편으론 최 씨에게 맞아죽더라도 주님의 일을 하다가 죽는다면 그리 슬프지는 않으리라는 생각이 들었다. 그래서 "최 선생, 나는 도대체 무슨 이유로 이러는지 알지 못하겠으니 내일 내가 다시 오면 이유를 분명히 말해주시오." 하고 그 자리를 떠났다.

이튿날 나는 다시 최주경 씨를 찾아갔다. 그러나 그는 대화도 하기 전에 전보다 더욱 사납게 달려들려고 해서 나는 망설이지 않고 집으로 돌아왔다. 집에 와서 아무리 생각해봐도 최 씨를 그대로 두고선 교회를 이끌어나갈 수가 없다는 생각이 들었다.

그러던 중, 이기수 씨가 나를 찾아와서 물었다.

"목사님, 최주경 권사를 어떻게 하실 생각입니까?"

"교회에서 내보내겠습니다. 나 한 사람의 감정이 아니라, 교회 전체를 위해서 해야 되는 일입니다."

"그러면 큰일 납니다. 최 씨가 신발공장 사람 사십여 명을 데리고 와서 교회를 부신다고 벼르고 있습니다."

"사십 명이 아니라 사백 명이라도 나는 두렵지 않습니다."

나는 이 씨의 말에 단호하게 대답한 뒤, 5월 마지막 일요일에 최주경 씨의 행패를 밝히고 그를 교회에서 제명하겠다고 선언하였다.

그리고 일요일 저녁 예배시간이 되자 과연 이 씨의 말대로 머리에 수건을 동여맨 노동자 수십 명이 교회로 모여들었다. 그들은 하나같이 담배를 입에 물고 잡담을 지껄이며 예배당 밖에 서 있다가 최 씨가 술에 취해 무슨 선언서인가를 읽고 나자, 다짜고짜 교회 안으로 밀려들어 교인들을 때리기 시작하였다. 이 소동으로 이가 깨지고 다리가 부러지는 등, 다친 사람이 한둘이 아니었다.

교인들이 나를 보호해서 방으로 들여보낸 사이, 경관이 교회에 다녀간 모양이었다. 잠시 뒤, 역 앞에 있는 파출소에서 책임자를 호출하였다. 교회의 책임자로서 파출소에 갔더니 본서(本署)로부터 사법주임이 나와서 내게 사건을 진술하라고 하였다. 그래서 전후 사실을 빠짐없이 진술하자 주임이 내게 주의를 주었다.

"김 목사는 최주경이 경찰에 잡히기 전까지는 집에 가지 말고 경찰서에 머물러 있으시오."

곧이어 집에서 안심하고 돌아오라는 소식이 왔다. 돌아와 보니 김남수 군과 조카 원영이가 와있었다. 그 둘은 나의 신변이 걱정되어서 그날 밤을 함께 보내고 다음 날이 되어서야 돌아갔다.

비록 최주경 씨로 인해 갖은 고생을 당하였지만, 나는 '너의 원수가 너의 식구이다'라고 하신 주님 말씀 그대로 경험하게 된 것이다. 더구나 최 씨는 나와 함께 일하는 교회의 임원이니 한집안 식구나 다름없는 셈이었다. 나는 나의 잘못을 회개하고 주님 앞에 엎드려서 "좀 더 겸손하고, 좀 더 인내하며, 주를 더 가까이에서 섬기게 해주십시오." 하고 기도를 드렸다.

이튿날 아침, 경찰서에서 호출이 있었다. 곧장 경찰서 사법계로 갔더니 교회의 일은 고등계[5]에서 다루기 때문에 사건이 고등계로 넘어갔다고 했다. 고등계로 가니 고 부장이라고 하는 사람이 내게 사건에 대해 진술하라고 하였다. 나는 다시 한 번 그 동안의 일을 자세히 진술하고, 덧붙여서 "저는 최주경 씨에 대해 어떠한 감정도 없고, 최 씨 역시 교회의 일을 하다가 그렇게 된 것이니 당국에서 관대히 처분해주시길 바랍니다." 하고 부탁하였다. 그러자 그때 마침 내 옆으로 끌려온 최주경 씨가 그 말을 듣고 내게 감사의 인사를 하였다.

이 사건으로 이학권 씨의 신발공장 직공들 중 많은 사람이 검거되어 고생을 하였고, 손영춘 씨 역시 경찰에 잡혀와 최 씨와 같이

---

5) 일제 강점기에 우리나라 사람들의 정치, 사상활동을 감시하고 탄압하던 경찰부서

교회를 핍박한 사실이 드러났다. 또한 그 사건 이후 안흥석 씨 역시 무슨 이유에서인지 수개월 동안 교회에 나오지 않았다. 그래서 최주경 파의 사람들은 이번 사건이 안흥석 씨와도 관련이 있다고 수군거리기 시작했다.

며칠 후, 고등계에서 고 부장이 나를 다시 불러 물었다.

"이번 사건은 조사 결과 안흥석과 최주경 사이의 감정싸움이고, 다른 사건은 없으니 관련자 모두를 석방하는 것이 어떻겠습니까?"

내가 "좋습니다." 하고 대답하자, 고 부장은 그 자리에서 최주경 씨를 불러 신중하게 지시하였다.

"당신은 앞으로 다시는 감리교회에서 예배를 드리지 마시오. 만일 또 어떤 사건이 발생한다면 그땐 절대로 용서하지 않겠소."

그리고는 다시 나를 돌아보며 물었다.

"물론 최주경의 잘못이 크다고는 하나, 이번 사건이 벌어지게 된 데에는 김 목사에게도 책임이 있지 않겠소?"

"제게도 책임이 있다는 사실을 인정합니다. 그러니 고등계에서 감리교 본부로 공식서신을 보내어 저의 파임(罷任)을 권고해 주시기 바랍니다. 그럼 다시는 이런 일이 없지 않겠습니까?"

내 대답에 고 부장은 살짝 인상을 찌푸리며 말했다.

"사임하라는 것이 아니고 책임을 각오하라는 말이오."

당시 교회의 주요직책을 맡은 사람들은 모두 최주경 파의 사람들이어서 나는 그 다음 주 일요일에 직원회를 해산시켰다. 그리고 나와 뜻을 같이하는 몇몇 사람들과 함께 모여 예배를 드렸다. 그러자 평소 최주경 씨와 친분이 있던 이기수, 손영춘, 엘리사벳, 박성녀 등 십여 명이 모두 교회를 나가고, 최 씨와 관계가 없는 사람들도 일단 사태를 지켜보려는 듯 교회에 나오지 않아 교인 수가 절반 이상 줄어들었다.

우리는 "주께서 원하신다면 교회가 다시 부흥하게 될 것이고, 원하시지 않는다면 교회가 해산될 것입니다. 모두 주님께 맡기오니, 주님 뜻대로 하시옵소서." 하며 함께 엎드려 기도를 드렸다. 그로부터 얼마 뒤, 일반 교우들이 사건의 진상을 알고 다시 모여들어 교회 분위기가 전보다 더 경건하고 사랑이 넘치게 되었다. 이번 일 역시 사람이 노력하여 이룬 것이 아니라 주님께서 우리 교회를 시험하시고 부흥시켜 주신 것이라 믿는다.

그해 10월이 되자 교우들이 더욱 늘어나 다시 예배당을 옮겨가게 되었다. 마침 근처의 경실학교가 다른 곳으로 옮겨가면서 그 건물이 비게 되었다. 학교의 주인인 전춘경 씨를 찾아가 그 건물을 월세 백 원에 빌리기로 하였는데, 그 중 삼십 원은 전춘경 씨가 교회에 헌금으로 내고, 매달 칠십 원만 지불하게 되었다.

이로써 목사사택과 예배장소를 전부 옮겨, 그곳의 사무실은 사택으로 쓰고, 교실 세 개 중 두 개에서는 예배를 드리고, 나머지 하나는 매달 삼십 원씩에 세를 주었다. 또한 이후에 헌금이 모이면 그 건물을 교회에서 매입하기로 전 씨와 약속하였다.

하루는 경성의 신종악 전도사가 날 찾아와 "경성교회 교우들이 한국보 목사를 따르지 않아 문제가 심각합니다." 하고 말하였다. 그리하여 다음날 곧장 경성에 가보니 한 목사에게 잘못이 있는 것은 아니라 교인들의 신앙이 문제였다. 한목사가 성경에 따라 교인들의 미신을 금지시키려 한 것이 문제가 된 것이었다. 그러나 이대로 한 목사가 경성에 머물러 있으면 교회 자체가 무너지게 될까 걱정이 되서 그에게 청진에 와있으라고 이야기하였다.

이듬해 1942년 2월 6일, 나는 서울의 외손녀 결혼식에 다녀온 즉시 한 목사 문제를 해결하기 위하여 경성으로 향했다. 당시 청진교회는 어려운 문제가 대부분 해결된 상태여서 한 목사 대신 내가 직접 경성교회를 맡기로 한 것이었다. 그러자 청진교회에서는 "목사가 교회를 버리고 경성으로 갔다."고 하여 나를 원망하는 사람들도 있었다.

경성교회의 교인들은 기도를 많이 드리는데, 그것이 너무 지나쳐서 소란스러운 데다가 분위기도 이상했다. 어떤 사람은 예배당 안에서 춤을 추고, 어떤 사람은 미친 듯이 소리 지르며 기도하고, 또 어떤 사람은 뛰고 자빠지는 등 예배시간이 난장판이 되어버리는 것이다.

나는 이것을 보고 "여러분의 은혜가 넘치는 것은 좋은 일이지만, 너무 소란스러운 것은 경건하지 못하니 자제해주십시오. 바울 사도가 유두고를 살려낸 뒤, 그에게 조용히 하라고 부탁하지 않았습니까? 주님의 은혜를 받기 위해선 조용히 기다릴 줄도 알아야 하는 법입니다." 하고 말하였다. 그 후에 예배시간의 소란은 다소 수그러들었지만 암암리에 "김 목사는 성령의 감화를 받지 못하였다."고 비방하는 소리가 들려오게 되었다.

주을(朱乙)은 함경북도의 번화한 도시인데, 온천으로 유명하고 탄광이 가까우며 사기(砂器)와 질그릇이 많이 제조되어 사람들이 모여드는 곳이었다. 그곳에 교회를 세울 수 있게 되길 바라며 기도를 드리던 중, 마침 감리교 전도사 김태옥 씨가 만주로부터 주을에 들어와 철공업으로 생활비를 벌며 전도를 하고 있다는 사실을 알게 되었다. 이러한 김 전도사의 전도활동은 바울 사도가 천막 깁는 일을 하면서 전도를 한 것과 비슷한 데가 있었다.

1942년 2월, 김태옥 씨의 교회설립 청원을 본부에 보고하였더니, 정춘수 감독에게서 인가가 났다. 작은 집을 하나 구입하여 예배를 드리기 시작하자 남녀 교우가 이십여 명으로 금세 늘어나게 되었다. 그곳에서 멀지 않은 곳에 장로교회가 있었는데 교우들이 서로 왕래하며 서로 도움을 주고받았다.

당시 나는 탄광을 중심으로 많은 사람들이 모여드는 생기령(生氣嶺)에도 교회를 설립했으면 하고 기도 중이었다. 그러던 중 생기령에 살고 있던 전하영 속장과 이연수 속장의 청원으로 같은 해 4월에 설치가 인가되어 전도사 노춘섭 씨가 교회를 맡게 되었다. 생기령교회 역시 구백 원의 돈을 들여 작은 집을 하나 사서 약 삼십여 명의 교우가 모이게 되었다.

이제 이 일대에 감리교회가 벌써 네 곳이나 되어 목사 한 사람으로는 벅찬 상황이 되었다. 한편 한국보 목사가 청진으로 간 이후에 교회의 상황이 어떻게 되었는지, 그리고 구입하기로 약속되어 있던 경실학교 건물은 어떻게 할 것인지 궁금해졌다.

그러던 중 김광호 전도부인이 노춘섭 씨 등 몇 사람과 함께 어느 산에 가서 기도를 드리다가 이적(異蹟)을 보았다는 소문이 퍼져 교회 안의 분위기가 어수선하였다. 나는 염려가 되어 교우들에게 "조용히 기도하시면서 성령의 감화를 기다리시오." 하였더니, 몇몇 사람들이 "목사는 하나님을 보지 못하는 사람이다."라고 수군거렸다.

또한 노춘섭 씨의 일도 있었다. 그는 한 해 사이에 딸과 사위를 잃고, 아들은 도둑질을 하다 감옥에 갇힌 상황이었다. 더구나 그 자신마저도 어느 여학생의 병을 고쳐준다고 하다가 오해를 사서 어느 장로에게 두들겨 맞게 되었다. 그 뒤 노 씨는 주변사람들 보기가 부끄러워 희문으로 이사를 가게 되었다. 결국 그가 예배드리던 생기령교회는 없어지고, 그곳의 교우들 역시 미신으로 인해 흩어지게 되었으니 두려우면서도 한편으론 눈물 나는 일이 아닐 수 없었다.

경성교회 역시 미신소동이 있어서 주을교회에 파송되었던 김득수 목사가 해결에 나섰으나, 결국 해결하지 못하고 다시 주을교회로 쫓겨 가는 일도 있었다. 이러한 미신소동은 청진교회의 당파싸움보다도 더욱 어려운 문제였다.

이러한 상황이었지만 나는 어항(漁港)에 새로이 교회를 세우는 일을 지체할 수는 없다고 생각하였다. 교회에 미신이 심한 것은 나의 은혜가 부족해서겠지만, 그 교회들의 믿음이 굳어지기까지 참고 기다리며 모든 일을 하나님께 맡기기로 한 것이다. 그래서 하루는 신종악 장로를 불러 경성교회를 맡아달라고 부탁하고 어항으로 향하였다.

한편 경성교회에서는 내가 어항교회로 간 뒤, 박미자 속장, 마루기 속장, 이재익 집사 등이 신종악 장로에게 "김진호 목사님을 왜 어항교회로 가게 했습니까?" 하고 불만을 토로했다고 한다. 그러자 신 장로는 "목사님 자신이 원해서 간 것이지, 교회에서 보낸 것이 아닙니다."라고 변명하였다는 것이다.

당시 어항에는 교회가 없었고, 5리 밖에 장로교회가 하나 있을 뿐이었다. 나는 어항에 있는 정고송이란 청년의 집을 매월 25원을 주고 빌리기로 하였다. 어항으로 오기 전, 신종악 장로가 경성교회에서 매달 50원씩을 보조해주기로 했었는데 한 푼도 오지 않고 있었다. 매달 총리원에서 보조해주는 40원에서 집세를 내고 나면 남은 15원으론 생활하기도 버거운 상황이었다. 그래서 아내 숙자가 빨래도 해주고 바느질도 해주고 하며 생활비를 버느라 고생을 하였다. 그렇게 몇 달이 지나자 교우들이 삼십여 명으로 늘어나게 되었다.

당시 수원 출신의 황영재 선생이 아들 황종우 군과 함께 예배를 도와주고 있었는데, 그와 교회 몇 사람이 의논하여 집세를 내어주겠다고 하였다. 덕분에 그 다음 달부터는 총리원 보조금 40원을 모두 생활비로 쓸 수 있게 되었다.

그러던 중 청진교회에서 급한 통지가 왔다. 안홍석 씨가 교회에서 구입하기로 약속되어있던 옛 경실학교 건물을 구입하여 고아원을 세우고 원장이 되었다는 것이었다. 나는 곧 청진으로 가서 안홍석 씨에게 항의하였다. 그러자 안 씨는 "교회는 다른 건물을 알아봐도 되겠지만, 고아원은 이 건물을 놓치면 다른 마땅한 건물이 없습니다. 고아들과 함께 예배를 드리는 것도 괜찮지 않겠습니까?" 하고 나에게 애걸하다시피 하였다. 그래서 나는 "한국보 목사와 의논하여 교회가 곤란하지 않도록 해주시오." 하고 돌아왔다.

이때부터 고아원과 교회의 사업이 서로 부딪쳐 교회직원들이 교회를 다른 장소로 옮기자고 주장하기 시작했다. 그러나 안홍석 씨는 교회 건물이 좁다면 탁아소 건물을 내어주겠다며, "고아원과 함께 건물을 쓰면 경비도 덜 들고 좋지 않습니까?" 하고 말하였다. 더구나 안홍석 씨는 한국보 목사가 오기 전에 자기 마음대로 홍종숙 목사를 초빙하여 함께 교회를 맡겼는데, 일 년이 지나자 약 팔십여 명이었던 교우가 12월 마지막 주일에는 홍 목사 내외와 장연옥 속장 세 명만이 남게 되었다.

얼마 뒤, 나는 한국보 목사에게 청진교회의 담임을 사임하고 상경하겠다는 편지를 받았다. 교우가 모두 흩어졌으니 더 이상 교회를 유지할 수가 없다는 것이었다. 나는 당장에 청진교회로 달려가고 싶은 마음이었으나, 어항교회를 버리고 갈 수 없어서 고민하고 있었다. 그러던 중 청진교회 교우 몇 명이 와서 사택의 짐들을 모두 수레에 싣더니 내게 청진으로 가기를 간청했다.

'내가 청진지방에 와서 설립한 다섯 교회 중 그 중심이 되는 것이 바로 청진교회인데, 만약 그 교회가 없어지면 이 지방의 감리교회 전체가 흔들리게 될 것이다.'

여기까지 생각이 닿자 나는 청진으로 가기로 마음먹고 어항을 떠났다. 어항교회의 설교는 임시로 황영재 선생에게 맡기었다.

내가 청진으로 돌아오자 교인들이 찾아와 고아원을 나가자고 격렬하게 이야기한다. 나는 그들에게 한국보 목사를 다시 청진교회의 담임목사로 정하면 어떻겠느냐고 물었지만 교우들이 반대하였다.

그로부터 얼마 뒤에는 안흥석 씨가 경성교회에 편지를 보냈는데, 그 편지에 "김진호 목사가 김광호 전도부인을 교회에서 내보내라고 지시하였다."는 내용이 들어있었다고 한다. 나는 그러한 사실도 모르고 김광호 전도부인이 병이 났다는 소식에 경성으로 문병을 하러 갔다. 그곳에서 어떤 속장 부인으로부터 김광호 전도부인이 세상을 떠났다는 소식을 듣고 나는 깜짝 놀라지 않을 수 없었다.

곧장 교회로 가보니 장례를 위하여 김득수 목사, 김태옥 장로, 노춘섭 씨 등이 와 있었다. 그 자리에서 신종악 장로가 나를 보자마자 "김 목사님께서 안흥석 씨를 시켜 김광호 전도부인을 내쫓으라고 하였다던데, 그런 법이 어디 있습니까?" 하고 언성을 높였다. 그래서 나는 "신 장로, 화를 푸시오. 내가 잘못했소. 내가 경성교회에서 목사로 있을 때에 얼마나 잘못이 많았으면 오늘 신 장로 입에서 그런 말이 나오겠소? 다 내 잘못이오."라고 대답하곤 변명을 하지 않았다.

마루기 속장의 집에서 그날 밤을 지낸 나는 다음날 아침 다시 교회로 갔다. 그곳에서 장례준비위원들을 만났는데 신 장로가 다시 어제 이야기를 끄집어냈다. 나는 "신 장로, 그만둡시다." 하였으나 그는 그만두지 않았다.

나는 그 자리에서 엎드려 "제가 목사로서 얼마나 죄가 크면 오늘 이 자리에서 주님의 꾸지람을 듣게 하십니까? 제게 잘못이 있다면 용서해주옵소서." 하고 기도를 드렸다. 그러자 그 옆에 있던 노춘섭도 함께 기도하기를 "김 목사가 주님을 믿는다고 하여도 주님께서 그 안에 계시지 않으니 용서하십시오." 하는 것이었다.

그날 아침, 나는 밥 한 술 뜨지 못하고 시간이 되어 장지(葬地)에 올라갔다. 장지에 올라가보니 장례위원들이 무슨 이유에서인지 장례를 거행하지 않고 있었다. 목사인 내가 장례를 주관해 주었으면 하는 눈치였다. 결국 나는 장례식을 주관하고 집으로 돌아왔다.

다음날 아침에 조엘리사벳의 아들 모세가 와서 "간밤에 김광호 전도부인이 공중에 올라가서 외치는 소리가 있었는데 '김진호와 안흥석이 회개하지 않으면 천벌을 받는다.'고 하였습니다. 어머니께서 그 말을 전하라고 하여 왔습니다." 하고 말하였다. 이 말을 듣고 나는 '경성교회가 미신으로 하루도 편할 날이 없구나!' 하고 속으로 한탄하며 기도하였다.

"한국보 목사가 쫓겨나고, 신종악 장로가 그들의 미신을 이용하고 있으니, 하나님께서 이 교회를 맡아주십시오. 어찌하면 좋으리까?"

내가 경성교회에서 장례식을 마치고 돌아 온 후, 다시 청진교회에서 안흥석 씨의 고아원과 예배를 드리는 문제로 소란이 있었다. 나는 이것을 목사 혼자 결정할 문제가 아니라 생각하고 어느 일요일 아침예배 후에 교회를 옮기는 것에 대해 교인들에게 물었다. 그러자 팔십여 명의 교인들 모두가 만장일치로 교회를 옮기는데 찬성하였다. 안흥석 씨의 의견도 나쁘기만 한 것은 아니었지만, 그의 성격이 너무 고집스러워서 그런지 동조자가 하나도 없었다.

이튿날 아침, 온 교우가 모여 짐을 싸서 월세 40원을 주고 빌린 화원동 23번지 가옥 2층으로 교회를 옮기었다. 이번 일은 장연옥 속장의 도움이 컸다. 예배 장소의 주선과 목사의 월급 지불도 그의 노력 덕택이었다.

그러자 안홍석 씨는 "이제부터 우리 단체는 감리교회와 인연을 끊겠소. 앞으로 우리 고아원 직원들과 아이들은 일체 감리교 예배는 물론이고 교회 안에도 발을 들여놓지 마시오. 만약 이것을 어기는 사람이 있다면 당장에 고아원에서 쫓아내겠소." 하고 엄포를 놓았다.

하루는 경찰서 고등계로부터 호출이 있어 오전 9시에 갔더니, 히라야마(平山)라는 일본인이 왜 교회를 고아원에서 분리해 나왔는지 그 이유를 설명하라고 했다. 나는 "신성한 사업은 사회사업과 함께 할 수 없는데다가 고아원이 소란스러워 조용히 기도를 드릴 수 없어서 나왔습니다."라고 하였다.

나는 이번 호출이 안홍석 씨의 고소 때문이라는 사실을 짐작할 수 있었다. 그러나 안 씨의 잘못에 대해선 한 마디도 이야기하지 않았다. 고아원에서는 안홍석 씨의 고소로 내가 경찰에 붙잡힌 줄 알고 몇 사람이 위문을 오기까지 하였다. 그제야 안 씨의 속마음을 알게 된 나는 그를 멀리하기로 마음먹었다.

안홍석 씨의 문제가 해결되고 나자 이제 교회 내의 모든 걱정거리가 사라지고, 모이는 사람마다 사랑과 믿음이 넘치게 되었다. 지난 몇 해 동안 온 교회가 시험을 당하여 고난을 겪더니, 이제는 모든 교우들이 교회를 위하여 열심히 예배하며 기도드리게 된 것이다.

어느 날, 함경북도 고등계에서 각 교회의 책임자와 직원들을 호출하였다. 그런데 도청에서 청진감리교회의 주소를 몰라 고아원으로 통지한 것을 안홍석 씨가 고의로 알려주지 않았다. 결국 감리교회의 책임자가 회의에 빠지는 바람에 도 고등계에선 경성교회의 신종악 장로를 호출하였고, 그 결과 신 장로가 청진교회로 찾아온 뒤에야 그 사실을 알게 되었다.

나는 이 소식을 듣고 도 고등계로 찾아가 회의에 불참한 것과 호출에 늦은 것을 사과하였다. 그러나 평소 나를 미워하던 고등계주임은 "교회를 장로교회와 합병하시오.", "일본어를 할 줄 모르는 교역자는 쓸모 없소." 등의 무례한 말로 나를 협박하였다. 그 후에 교회 임원들

중 일본어에 능통한 사람을 몇 명 추천하라고 하기에, 청진의 김남수 씨, 어항의 황종우 씨, 경성의 신종철 씨, 이렇게 세 사람의 이름을 적어주었다.

나는 이번 일로 인해 교회에 좋지 않은 영향이 있지 않을까 걱정이 되었다. 그러나 교회를 해산하라는 명령이 내려오기 전까진 교회를 지키리라 결심하였다. 경찰서에선 수시로 내게 보국대(保國隊)[6)]나 근로봉사에 나오라는 명령을 내렸지만, 70세의 나이에 노역(勞役)을 할 엄두가 나지 않아 거절하였다. 부득이한 경우엔 아내 숙자를 대신 내보냈다. 또한 장로교회에서는 일요일 오전에는 예배를 드리는 대신 근로봉사에 참여하고 저녁예배만 드리고 있었는데, 우리 교회는 오전 예배를 그대로 드리고 있으니 경찰서의 탄압이 더욱 심한 상황이었다.

그러던 중 제직회에서 헌금을 모아 교회 건물을 구입하기로 결정하였다. 고아원에서 나온 뒤로 교우들이 조금씩 모아둔 돈 2,000원에다가, 3일간의 기도회에서 광고를 하여 이익수 장로 700원, 김길남 집사 600원, 김진호 목사 500원 등 일주일간 모은 돈을 합하니 총 7,000원이 되었다. 뜻밖의 놀라운 액수가 아닐 수 없었다.

돈이 모이자 집주인 배석현 씨가 와서 예배를 드리던 집을 그대로 사지 않겠느냐고 물어왔다. 가격이 얼마냐고 물으니 만원이라고 했다. 당시 사방으로 다른 집을 둘러보아도 이 집만큼 튼튼하고 적당한 건물이 없어 보였다. 그러나 교회에 모인 돈이 칠천 원밖에 없어서 살 수가 없다고 했더니, 배 씨는 자신이 천 원을 기부할 테니 구천 원에 사라는 것이었다. 나는 감사하지만 제직회에서 상의해 보겠다고 하였다.

이튿날 이 장로와 김 집사가 배석현 씨를 찾아가 구천 원은 너무 비싸다고 흥정을 한 결과, 배 씨가 다시 천 원을 더 기부하겠다고 하여 팔천 원에 계약을 맺기로 하였다. 교회 건물을 구입하기로 했다는 소식이 전해지자 이익수 씨가 "그렇게 큰 집을 사서 뭐합니까?

6) 일제 강점기에 조선인들을 강제노동에 동원하기 위하여 만든 노무대

차라리 칠천 원 중에서 삼사천 원을 아껴서 작은 집을 사고, 남은 돈으로 전도 사업을 하는 것이 옳지 않겠습니까?"라고 불평을 하기도 하였다. 하지만 나는 그의 의견을 듣지 않고 계약금 삼천 원에 배씨와 매매계약을 하였다.

그 후 건물 구입금액 중 현금 천 원이 부족하여 내 일 년 치 봉급으로 갚겠다고 본부에 보고했더니, 뜻밖에 본부로부터 천 원의 보조가 내려왔다. 이 돈을 합하여 집값 팔천 원을 다 지불한 뒤, 1945년 3월 본부 감독 정춘수 씨의 명의로 감리교 재단법인에 교회 건물을 등재하였다. 교회가 고아원으로부터 분리해서 나온 지 8개월 만의 일이었다.

우리 교회가 고아원에 있을 때에는 교회건물 사용, 전기세, 겨울에 땔 석탄, 재정 등을 모두 고아원에 의뢰하고 맡겨야 했었다. 그런데 고아원에서 나온 뒤로는 재정도, 전기세도, 집세도, 석탄에다 목사 봉급까지도 모두 우리 손으로 장만하게 되었으니 실로 하나님의 축복이 아닐 수 없었다. 우리는 매매계약이 완료된 후에야 비로소 우리 교회 건물에서 마음 놓고 예배를 드릴 수 있었다. 여러 교우들이 할렐루야 찬송을 부르며 기뻐하였다.

나는 하나님께 감사기도를 드리며 옛 일을 회상하였다. 내가 경성을 떠나 북으로 와서 청진역에 내리던 날부터 사탄은 나를 혹독하게 시험하였다. 나를 시험에 들게 한 사람들은 불신자들이 아니라 모두 교회의 중역들로서, 최주경, 신종악, 안흥석 세 사람은 모두 권사, 장로, 전도사였다. 그들은 당연히 담임목사를 돕고, 교회를 위하여 헌신해야 할 사람들임에도 불구하고 교회의 일을 방해하였던 것이다.

그러나 한편으론 내게 아직 사랑이 부족해서 그들의 속마음을 헤아리지 못했다는 생각이 들기도 했다. 나는 이곳에 와서도 언제나 남쪽 사람들의 풍습과 예법만 생각했을 뿐, 북쪽 사람들의 고유한 문화나 성격을 파악하지 못했던 것이다. 나는 스스로 회개하고 반성하며 주님의 뜻을 받드는 충성스런 종이 되리라 다시 한 번 다짐했다.

이제 내 나이 73세가 되어 기력이 점점 떨어지고 보니, 각지의 교회를 돌아다니기가 쉽지 않았다. 매월 한 번씩 방문해도 각 교회에서 항상 불만이 있어서 주을교회에는 김명수 목사를 담임으로 세웠다. 그러나 경성과 어항교회는 내 직할이라 가지 않을 수 없었다. 경성에 갔다가 청진으로 돌아올 때면 기차를 타곤 했는데, 자주 연착되어 불가피하게 높은 고갯길을 걸어서 넘어오는 경우도 많았다. 그럴 때면 다리가 떨리고 현기증이 나곤 했다.

가끔은 자식들이 편지를 보내서 "아버지는 왜 교회만 생각하시고 자손들을 생각하지 않으십니까? 팔십 노인이 교회 담임목사라니 말이 됩니까?" 하고 만류하였다. 그러나 나는 자식들 집에서 어린 손자나 업어주고 밥을 얻어먹기보단 이 추운 지방에서 전도하다가 쓰러지는 쪽이 더 나으리라 생각하여 자식들의 요구를 매번 거절하였다.

그러던 중, 재작년 5월 경에 한번은 구토와 설사가 심하여 약을 먹어도 소용이 없게 된 적이 있었다. 교인들이 몰려와 밤새워 울며 기도하고, 조카 원영이는 급히 돈을 빌려가지고 왔다. 또 아들, 조카들이 모두 찾아왔는데, 아들 희영이는 내가 마지막이라고 생각했는지 서울에서 올 때 수의까지 챙겨가지고 올 정도였다. 처음에는 아들과 조카들이 온 것도 알지 못하다가 점차 정신이 들어 다시 살아나게 되었다. 나는 하나님이 나를 다시 살려주신 것에 감사기도를 드렸다.

아들들이 말하기를 "이번에는 꼭 서울로 올라가시지요." 하기에 나는 "하나님이 이런 중병에서 살려주신 것은 이 지방 전도를 맡을 사람이 없으니 끝까지 참으라는 뜻인 듯하다. 어떻게 여러 교인들을 버리고 갈 수 있겠느냐?"고 대답하였다.

당시는 교회가 안흥석 씨의 사유 고아원과 함께 있어서, 교회를 독립시키려고 노력하던 때였다. 안흥석 씨는 교회의 독립을 막기 위해 여러 가지 방법으로 방해를 하고 협박하였으나 나는 조금도 그에게 굽힐 생각이 없었다. 내가 하는 일이 주님의 뜻이면, 안 씨가 나를 방해하는 것은 주님의 일을 방해하려는 것이니, 나는 조금도 두려울 것이 없었다. 안흥석 씨는 나를 경찰서에 고소하면서까지 괴롭혔으나, 결국 주님께서 끝까지 도와주시어 화를 면하게 해주셨던 것이다.

그 후에 안홍석 씨는 고아원을 버리고 서울로 올라갔고, 그가 맡고 있던 고아원은 관청과 교회에서 관리하게 되었다. 그렇게 기승을 부리고 야단을 피우더니 최근엔 불신자가 되어 술을 마시고, 담배도 피우게 되었다니 정말 한심한 일이 아닐 수 없다.

그 당시 나는 내 봉급의 전부를 교회의 독립을 위해 쓰고 있었기 때문에 생활이 매우 어려웠다. 그러나 주께서는 날 버리시지 않으시고 항상 먹을 것을 주시며 어려움을 참아낼 수 있는 마음을 주셨다. 이제 돌이켜 생각해보면 주님의 도움에 저절로 눈물이 흐르고 감사한 마음이 든다.

어느 날, 나는 필동 입구를 지나다가 최주경 장로를 만났다. 헤어진지 오륙 년 만의 일이었다. 전에도 몇 번 먼 거리에서 보기는 하였으나, 인사도 없이 지내다가 그날은 서로 마주치게 되었던 것이다.

나는 최 장로의 손을 잡고 말했다.

"최 선생, 용서하십시오. 과거는 다 잊어버리시고, 이 사람의 잘못을 다 용서하십시오."

그러자 그는 기뻐하며 함께 자신의 집으로 가자고 하였다. 낙산사 밑의 작은 집에 들어가니 그의 부인인 장숙경 씨가 반갑게 맞아주었다. 우리는 함께 기도를 드리고 과거의 일들을 서로 용서하였다. 장경숙 씨가 점심식사를 대접해 주었다.

나는 최 장로에게 물었다.

"우리 교회에 다시 와서 함께 예배드리는 것이 어떻겠습니까?"

"그러고는 싶지만 그 사이 제 2 서부교회에서 장로 직분을 맡고 있어서 경솔히 나오기가 힘듭니다."

"그럼 그곳에서 예배하시더라도 마음만은 항상 함께 하도록 합시다."

내 말에 그는 그렇게 하겠다고 대답했다. 그날 최 장로와 부부와 헤어져 집으로 돌아오는데 오랜 고민이 해결되어 마음이 날아갈 듯 가벼웠다.

해방[7]과 피난

1945년 7월경, 태평양전쟁이 그 막바지에 다다르고 있었다. 일본군은 미군의 공세에 남양군도를 다 잃어버리고, 급기야 오키나와까지 빼앗기게 되었다. 도쿄와 큐슈의 하늘에선 날마다 폭탄이 떨어져 수많은 사람들이 죽고, 그 피해가 말로 할 수 없을 정도로 참혹했다. 미군에선 조선 땅에는 폭격을 하지 않겠다고 방송을 하고 있었지만, 전쟁이 치열해지고 있었기 때문에 안심하고만 있을 수는 없었다.

그러던 중 7월 20일경에 사이렌이 요란하게 울리면서 미군비행기 예닐곱 대가 청진 상공을 한 바퀴 선회비행한 뒤 돌아갔다. 그 후 밤마다 네다섯 대나 예닐곱 대씩 꾸준히 날아오더니, 급기야 8월경의 어느 날 밤 10시 쯤, 적십자병원 앞 들판에 폭탄 하나가 떨어졌다. 반경 2킬로미터 이내의 유리창이 모두 깨지고, 근처에 있던 가옥들은 전부 파괴되어 기왓장이 날아가고, 모래땅에는 몇 미터 깊이의 구덩이가 생겼다.

처음으로 폭탄의 위력을 경험한 사람들은 놀라지 않을 수 없었다. 이런 폭탄이 몇 개만 더 떨어진다면 청진시내는 잿더미가 되고 말 것이라는 소문이 돌기 시작했다. 그 이튿날부터 거리는 피난 가는 사람들로 혼란스러웠다.

---

7) 1945년 8월 15일, 일본의 항복으로 우리나라는 해방(解放)이 되었다. 그러나 원본(原本)을 보면 청진에 있던 김진호 목사는 이 시기 소련의 침입으로 피난을 다녔기에 해방을 사변(事變)이라 적고 있다.

화원동 주민들은 사이렌소리만 나면 우리 교회 지하실로 모여들었다. 방공호가 따로 있었지만 그리로 가지 않고 남녀노소 포함 육십여 명의 사람들이 모여들곤 했다. 그 중 어느 청년은 "도쿄에서도 교회 건물은 폭격하지 않았다. 우리가 교회당 지하에 있고, 또 목사님이 계시니 걱정하지 않아도 된다."고 사람들에게 권고까지 했다. 몇몇 사람들은 내게 피난을 가라고 권하기도 했지만, 나는 교회를 버릴 생각이 없었다.

하루는 김길남 집사가 와서 자기 집이 있는 인외동으로 거처를 옮기자고 했다. 교회에 계속 남아있는 것은 위험하니 그곳에서 머물면서 교회 일을 보시라는 것이었다. 그즈음 청진 주변에는 피난민 행렬이 사방으로 이어지고 있었다. 그러던 중 탁사(託司)[8] 이기천 씨가 우리 부부에게 자신과 함께 경성으로 가자고 해서, 아내 숙자가 먼저 경성에 가서 우리가 머물 방까지 알아보고 왔다. 결국 김길남 집사 역시 우리와 함께 경성으로 가기로 하였다.

경성으로의 이사를 준비하던 중, 소남리에 있는 교우들을 심방하고 들판에 떨어진 폭탄도 볼 겸 들 한가운데로 지나가게 되었다. 수원학교에 채 못가서 갑자기 사이렌이 울리기 시작했다. 학교 운동장에서 교련을 받던 학생들이 모두 귀가하라는 외침에 뿔뿔이 흩어지는가 싶더니, 들에서 일하던 농민들도 모두 집을 향해 달아나는 것이었다. 나는 집으로 가자니 너무 멀고, 그렇다고 주변에 방공호도 없었기 때문에 인외동 방향으로 달리기 시작했다. 막 인외동에 들어섰을 때 김길남 집사를 만날 수 있었다. 나는 그와 함께 방공호로 달려 들어갔다. 하지만 다행히 그날 폭격은 없었다.

며칠 뒤, 아직 경성으로 이사 가지 않고 집에 머물고 있던 중, 밤 10시쯤에 다시 사이렌이 울리더니 섬광이 번쩍이면서 엄청난 폭발음이 온 시내에 울려 퍼졌다. 이튿날 아침 밖으로 나가보니 청진 백화점 앞 시멘트 길에 폭탄이 떨어져, 그 주위에 줄을 치고 통행을

---

8) 감리교회 임원. 속장, 유사(회계), 탁사(부동산 담당)

금지시키고 있었다. 지난번처럼 몇 미터 깊이의 구덩이가 파이고 주변 가옥이 모두 파괴되었으며, 길가에는 깨진 유리파편이 곳곳에 흩어져 있었다.

다시 며칠이 지났을 때, 밤 9시쯤 해서 동해안 부근에서 쿵쿵 하고 대포소리가 울리더니 사이렌도 없이 비행기가 청진 상공을 스쳐지나가는 소리가 들려왔다. 이튿날 소문을 들어보니 그 비행기가 소련 방향에서 왔다는 이야기가 있었다. 당시 소련과 일본은 동맹관계를 유지하고 있었다. 몇몇 사람들은 "계약이 체결된 지 얼마 되지 않아 아직 교섭중인 상황인데 돌연히 전쟁을 시작할 리가 있느냐?"며 소문을 믿지 않으려 했다.

그 후 사흘 동안은 미국 비행기도 소련 비행기도 나타나지 않았다. 그리고 8월 12일 일요일 아침, 나는 마침내 교회를 떠날 마음을 먹고, 이튿날 경성으로 떠날 준비를 하고 있었다. 갑자기 동해 방면에서 요란한 대포소리와 함께 시가지 곳곳에서 불길이 피어올랐다. 경비단과 순경들이 총을 들고 시내 곳곳을 막고 서는 바람에 우리는 경성으로 가려던 계획을 포기할 수밖에 없었다.

김 집사 가족과 우리 부부, 총 일곱 사람은 며칠 먹을 식량을 조금씩 싸서 짊어지고 인외동 중학교 뒷산으로 올라가기로 했다. 인외동으로 가는 길에 나와 아내는 신창균 장로 부부를 만날 수 있었다. 신 장로는 우리 부부에게 자신들과 함께 가자고 청해왔으나 이미 김 집사 가족과 함께 가기로 약속한 뒤여서 그들과 헤어지게 되었다.

우리 부부는 김 집사 가족을 만나 함께 산 위로 올라갔다. 산 위에서 내려다보니 청진 시내가 온통 불바다가 되어 있었다. 청진중학교, 청진역사, 부청(府廳)과 경찰서 등 주요 건물에선 모두 불길이 솟아올랐고, 일본인들은 경비단이나 순사들까지 모두 도망치고 없었다. 전쟁을 주장하던 자들이 지금까지 일본의 패전 사실을 숨겨왔던 터라 소련군의 공격에 대응할 준비가 전혀 되어있지 않았던 것이다. 만일 소련군이 지금 청진에 상륙한다면 총 한방 쏘지 않고도 도시 전체를 점령할 수 있을 것이라는 생각이 들었다. 나는 산 위에서 불타는 청진을 바라보며, "아무쪼록 교우들이 사는 집과 교회 건물만은 불타지 않게 해주십시오." 하고 기도드렸다.

우리는 높은 산마루를 세 개나 넘어갔다. 수풀이 우거져서 서로의 모습을 확인하기가 힘들었다. 소리를 질러 서로의 위치를 확인하면서 계속해서 걸어가는데, 다리가 튼튼한 젊은이들과 달리 나이가 든 나는 도저히 앞서가는 사람들의 걸음을 따라갈 수가 없었다. 등 뒤에서 들려오는 총소리가 금방이라도 덜미를 덮쳐올 것 같았지만 지치고 힘들어서 더는 빨리 걸을 수가 없었다.

해질 무렵이 다 되어서야 간신히 반죽동(斑竹洞)이라는 동네에 이르렀다. 그러나 동네 사람들은 모두 피난을 떠난 뒤였고, 마을에는 빈집들만 남아있을 뿐이었다. 겨우 피난 온 장소가 모두들 도망치고 난 빈 동네라는 사실에 허탈하고 초조한 생각이 들었다. 그 와중에도 총소리는 끊임없이 들려오고 있었다. 우리는 어둠 속에서 골짜기로 난 길을 따라 산을 오르기 시작했다.

그러다가 산 중턱에 이르렀을 때, 갑자기 산 위쪽에서 수백 명의 사람들이 쏟아져 내려오는 것이 보였다. 어두워서 잘 보이지 않았지만 자세히 보니 그들은 모두 죄수복을 입은 죄수들이었다. 간수들이 감옥에 갇혀 있던 죄수들을 데리고 어딘가로 가고 있는 모양이었다. 우리는 한밤중에 산길을 가는 것은 위험하다고 판단하고, 가던 길을 멈춰 다시 반죽동으로 돌아가기로 했다.

반죽동으로 돌아온 뒤, 김 집사가 거의 반시간 동안 사방으로 돌아다닌 끝에 피난을 가지 않고 있던 최병석이란 사람의 집을 찾아 들어갈 수 있었다. 그곳에서 저녁을 지어 먹는 둥 마는 둥 하고는 밤을 지내는데, 계속해서 총소리가 들려와 그 집 창문 밑에 총탄이 떨어지는 듯하였다. 최병석 씨가 말하길 "서수라(西水羅)에 상륙한 소련군이 일본군을 추격해서 반죽동 고개를 넘어올 겁니다. 그러면 이 동네 일대가 바로 전쟁터가 될 겁니다."라고 하였다. 그러나 나는 이 골짜기에 일본군이 없으니, 소련군이 이곳으로 오진 않을 것이라고 생각했다.

밤이 깊어 하늘을 올려다보니 구름 속에 달빛이 희미하게 비출 뿐, 사방은 어두컴컴하기만 했다. 자정이 지난 뒤로는 총소리도 점차 잦아들었고, 피난을 갔던 동네 사람들도 하나 둘 마을로 돌아오기 시작했다. 그들이 하는 이야기를 들으니 "일본군이 세력이 약해서 소련군에게 지고 말 것이라"고 하였다. 그러나 어떤 사람들은 "세계에서도 강하기로 손꼽히는 일본 군대가 그렇게 호락호락 당하고만 있을 리는 없다. 내일이면 반드시 이 일대에서 격전이 있을 것이다."라고 주장하기도 하였다.

늦은 밤까지 뜬눈으로 지새우다가 잠시 눈을 붙이고 일어났더니, 아침하늘에는 구름이 끼고 이슬비가 내리고 있었다. 만에 하나 정말이 일대에 전투가 벌어지면 서둘러 달아나야 하는 상황인데, 비가 오고 있어서 모두들 근심하는 표정이 역력했다. 날이 밝아오자 동네 사람들이 돼지를 잡는다고 해서 우리도 그 돼지고기를 좀 사가지고 와서 구워먹었다.

이윽고 비가 개이고 구름이 걷히자 나는 청진의 소식이 궁금해졌다. 혹시나 해서 마을 근처의 산 위로 올라가 보았다. 그러나 그 산 뒤에 또 산이 있어서 청진 시내는 보지도 못하고 다시 마을로 돌아왔다. 소련군 병사들이 산봉우리마다 지키고 있어서 잘못하면 적으로 오인받아 붙잡혀 죽을지도 모른다는 생각이 들었던 것이다.

그날(1945년 8월 13일) 정오 쯤, 그 마을에 사는 한 노파가 청진에서 오는 길에 어리고개(하인외동 고개)를 넘어오다가 소련군 병사들을 만나 두 손을 들고 간청하여 겨우 살아 돌아왔다는 이야기를 들었다. 나는 그 노파를 찾아가 청진과 우리 교회에 대해 물었다. 그러자 노파는 청진 시내가 온통 불타고 있고, 교회 건물은 어떻게 되었는지 모르겠다고 하였다. 다만 시내에선 난민들이 서로 필요한 물건들을 가져가기 위해 난리라는 이야기를 들을 수 있었다.

오후가 되자 다시금 요란한 포성이 들려오기 시작했다. 우리는 소련군이 반죽동 고개를 넘어오거나 청진에 들어왔다는 소문이 들리면 도망치려고 하고 있었다. 그러던 중 어떤 사람이 이야기하길

"소련군은 조선인은 죽이지 않고, 일본인만 죽인다. 그러니 조선옷을 입어야 소련군에게 붙잡혀 죽지 않는다."고 하였다. 하지만 우리 일행은 모두 양복을 입고 있었고, 어디서 조선 옷을 구할 방법도 없었다. 그나마 다행인 점은 이 마을 골짜기에 일본군이 들어오지 않았다는 사실이었다.

날이 저물면서 천둥 같은 대포 소리가 연이어 산을 뒤흔들었다. 포성이 들려 올 때마다 어둡던 창문이 번갯불이 번쩍이듯 환하게 밝아지곤 했다. 하지만 이 어두운 밤중에 피난을 갈 수도 없는 상황이라 창문 밑에 엎드려 기도를 드리는 수밖에 없었다. 집주인 최병석 씨는 그 와중에도 불안한 표정으로 계속해서 집 안팎을 들락날락거렸다.

멀리서 들려오는 총소리가 점차 가까워지는 것으로 보아 인외동 근방에서 싸우던 일본군이 점차 서북쪽으로 물러나고 있는 것 같았다. 나는 총소리가 이 근방을 지나가면 안전해질 테니 걱정하지 말고 기도하자고 일행들을 설득하였다. 그러나 다음날(1945년 8월 14일) 아침이 되자 사람들은 다시금 이곳을 버리고 다른 곳으로 피난을 가자며 의견이 분분하였다.

나는 "조금만 더 있으면 여기가 안전한 지역이 될 겁니다. 이곳을 버리고 피난을 간다면 점점 더 위험한 곳으로 가게 될 테니 좀 더 기다려 보는 것이 어떻겠습니까?" 하고 설득했지만 사람들은 내 말을 들으려 하지 않았다. 어쩔 수 없이 우리 부부는 다시 짐을 싸서 일행들의 뒤를 따라나섰다.

산중턱에 올라가자 일본군 패잔병 부대가 우리 뒤를 쫓아오면서 어서 가라고 손짓을 하는 것이 보였다. 소련군이 일본군을 추격하고 있는 마당에 일본군과 함께 가는 것은 화약을 지고 불길 속에 뛰어드는 꼴이나 다름없다는 생각이 들었다. 나는 마을로 다시 돌아가는 것이 좋겠다고 했지만 아내 숙자와 김 집사가 강요하는 통에 다시 산등성이를 기어오르기 시작했다. 아내 숙자의 짐이 너무 무거워서 가져온 쌀 중 일부를 종이에 싸서 길에다 버려야만 했다.

험한 산길을 가면서 보니 어린 자식을 버린 어미나 노모를 버린 자식 등 가슴 아픈 광경들이 눈에 들어왔다. 이윽고 한여름의 태양이 중천에 떠오르면서 온몸엔 구슬땀이 흐르고 목이 타서 죽을 지경이 되었지만 어디에서도 물 한 방울 구할 데가 없었다. 그렇게 한 고개, 두 고개, 세 고개를 넘고, 네 번째 고개를 넘어가는데 갑자기 우리 앞에 낭떠러지가 나타났다. 앞에서는 오도 가도 못하고 뒤에서는 어서 가라고 소리치는 와중에 일행은 하나 둘 절벽 아래로 뛰어내리는데, 다리가 둔한 나는 함부로 뛰어내릴 수가 없어 풀포기 나무 뿌리를 붙잡고 천천히 내려가다가 급기야 언덕 아래로 떨어지고 말았다.

간신히 정신을 차리고 보니 개울 바닥의 평평한 진흙 속이었다. 다행히 다친 곳은 없었다. 아내 숙자는 내가 떨어져 죽은 줄 알고 울음을 터뜨렸다가 부르는 소리에 얼른 달려왔다. 김 집사와 숙자의 부축을 받아 동네 어귀에 다다르니 평탄한 모래밭 옆으로 개울물이 흐르고 있었다. 거기에서 잠시 숨을 돌리고 진흙에 빠진 몸을 씻었다.

골짜기 냇가에는 우리 말고도 여러 곳에서 피난 온 사람들이 모여서 쉬고 있는 중이었다. 맑은 물을 떠다가 목을 축이고 점심을 해먹고 있는데, 사람들이 이야기하기를 "일본군이 패하여 서북쪽으로 달아나고 있다. 서수라에 상륙한 소련군이 언제 이 골짜기에 올지 모르니 어서 달아나야 한다."고 했다. 결국 우리 일행은 다시금 아픈 다리를 끌고 일어섰다.

마을 어귀를 벗어나 가다보니 피난민들이 쌀을 한두 가마니씩 짊어지고 가고 있었다. 무슨 일인가 하고 물어보니, 창고 문을 열어 놓고 쌀을 마음대로 가져가라고 했다는 것이다. 하지만 우리에겐 목적지인 석대(石帶)까지 빨리 가는 것이 쌀보다 더 중요했다.

큰길을 따라 걷고 있는데 그 사이에도 계속해서 비행기가 날아오는 것이 보였다. 우리는 비행기 소리만 나면 가까운 수풀 사이로 몸을 숨겼다. 이렇게 얼마 가다 숨고, 또 얼마 가다 숨고 하면서 2킬로

미터 정도를 가자 수성(輸城) 다리가 나타났다.

우리는 다리만 건너면 괜찮겠다 싶어 황급히 건너가려는데 다리 옆으로 수십 명의 일본병사들이 지키고 서있는 것이 보였다. 그들은 우리를 보더니 어서 건너가라고 손짓을 해왔다. 소련군이 추격해오면 다리를 폭파하려는 계획인 것 같았다. 다리를 건너다 비행기의 폭격을 받으면 어쩌나 걱정하면서 죽을힘을 다해 뛰듯이 다리를 건너 건너편 강가 수풀 속으로 기어들어갔다. 우리가 가는 모습을 일본병사들에게도 소련비행기에도 보이지 않으려는 것이었다.

석대 정거장 부근까지 가서 수풀 속에서 걸음을 멈추고 잠시 쉬고 있는데, 김 집사의 둘째 아들 인수가 오는 길에 가방을 잃어버렸다고 한다. 그 가방 속에는 현금 1천여 원과 중요한 약품들이 들어있었다. 아까 길가에서 쉴 때 놓고 온 모양이었다. 일행들의 만류에도 불구하고 인수가 가방을 찾겠다고 오던 길을 되돌아가자 김집사 역시 따라 나섰다.

김 집사와 인수를 보낸 뒤, 걱정스레 기다리고 있는데 갑자기 "와지끈" 하는 소리와 함께 근처에 폭탄이 떨어져 정거장에 서있던 자동차가 부서지고, 여자 승객 한 명과 운전사가 그 자리에서 죽어버렸다. "아이고, 하나님!" 하고 엎드려 기도를 드리며 김 집사와 인수가 무사히 돌아오기를 빌었다. 다행히 조금 있자 김 집사가 인수를 데리고 가방을 찾아 무사히 돌아왔다.

다시 길을 떠나 석대 정거장을 지나자 길거리 곳곳에서 불길이 치솟고 있는 것이 보였다. 주변의 가옥들은 다 입구에 못을 박아 봉해둔 상태였고, 사람들이 있는 집은 한 곳도 눈에 띄지 않았다. 아무리 둘러봐도 쉬어갈 곳이 없는데 날은 점점 저물어 어두워지고 있었다.

나는 장흥(章興)에 사는 박종건 씨의 집으로 찾아갈까 하고 생각하였다. 예전에 그가 무슨 일이 있거든 자신을 찾아오라고 한 말이 떠올랐던 것이다. 내 이야기를 듣고 김 집사의 아내인 박복녀 속장이 그리로 가자고 말했다. 하지만 장흥까지 가자면 10킬로미터 가량을 걸어가야 했다.

하는 수 없이 희미한 달빛에 의지해 어두운 밤길을 터덜터덜 걷고 있는데, 난데없이 길 저편에서 수백 필의 말들이 몰려오는 것이 보였다. 우리는 얼른 근처 수풀 사이로 몸을 숨겼다. 지켜보니 일본군 몇 명이 한 사람당 수십 필씩 말을 끌고서 오고 있었는데, 아마도 회령(會寧)을 지키고 있던 기마부대가 그곳에서 패하여 남쪽으로 달아나고 있는 것 같았다. 나는 그 모습을 보며 속으로 생각했다.

'그렇게 기승을 부리며 세계 최강임을 자랑하던 일본군의 최후가 이런 모습인가?'

기마부대가 지나가고 난 뒤, 우리는 다시 길을 걷기 시작했다. 나는 아픈 다리를 절뚝거리며 걸어갔다. 가다가 배가 고파서 찬밥덩이를 개천가에 앉아서 나눠먹고 다시 길을 떠났다. 길가에 인가가 있어도 불을 켜놓은 집은 하나도 없었고, 사람 한 명 보이지 않았다. 모두 피난을 떠난 모양이었다.

어쩌다 길 맞은편에서 오는 사람들을 만나 이야기를 들어보니 일본군이 소련군에게 쫓겨 무산(茂山) 방면으로 달아났다고 했다. 소련군은 북쪽에서도 쳐들어오고 남쪽에서도 쳐들어오는데, 일본군은 완전히 독안에 든 쥐 꼴이 되었다는 것이었다.

어두운 밤하늘에선 동쪽으로부터 비행기들이 수시로 날아와 남쪽 회령 방면으로 사라져갔다. 일본군은 이미 비행기도 대포도 없는지 달아나기만 하는 것 같았다. 나남 방면에서는 대포 소리가 쉬지 않고 들려오고, 비행기 폭격 소리도 간간히 들려왔다. 아마 그곳 일대에서 소련군의 대대적인 공격이 한창인 것 같았다.

박속장이 박종건 씨 댁에 한 번 가봤다고는 했지만 이런 밤중에 찾아가기란 힘들지 않을 수 없었다. 결국 길가에 있는 집에 물어본 끝에 박종건 씨 댁을 찾아갈 수 있었다. 박종건 씨는 우리가 왔다는 이야길 듣고 집 밖까지 나와서 맞아주었다. 나는 박 씨 집 흙마루에 걸터앉은 뒤에야 "이제는 살았구나" 하며 안도의 한숨을 내쉬었다.

집 마당 달빛 아래로 동네 노인들이 놀러와 이야기를 하고 있는 것이 보였다. 그들의 이야기를 들어보니 이 마을에는 일본군도 소련군도 오지 않고, 오더라도 지나가기만 한다는 것이었다. 비행기들 역시 마을 상공을 한 번 돌고 지나가기만 할 뿐, 여태껏 폭탄 한 번 떨어진 일이 없다고 했다. 그날 밤은 오래간만에 아픈 다리를 쭉 뻗고 편안히 잠을 잘 수 있었다.

이튿날(1945년 8월 15일)은 아침부터 비행기가 대여섯 대 혹은 예닐곱 대씩 북으로부터 날아와 장흥 상공을 지나 나남 방면을 폭격하는 소리가 이어졌다. 이윽고 나남 쪽에서부터 밀려오는 검은 연기와 악취가 장흥골짜기를 가득 매웠다. 나남에서 많은 사람들이 죽었으리라 생각하니 마음이 무거웠다.

조용히 개울가에 나아가 어느 평평한 바윗돌 위에 앉아 기도도 드리고 발도 씻고 하는데, 별안간 비행기 한 대가 저공으로 날아와 상공을 휙 한 바퀴 돌고 남쪽으로 날아갔다. 깜짝 놀란 나는 얼른 풀숲을 찾아 숨었다. 그렇게 한참을 있다가 마음이 안정되지 않아서 집으로 돌아오는데 고목 그늘 밑에서 몇몇 노인들이 모여 이야기를 하고 있었다. 나는 그들에게 인사를 하고 이름을 밝힌 뒤 그들의 이야기를 듣기 시작했다.

"참 이상한 일이지요. 지난 사흘 동안에 조선 천지가 온통 변해서, 그렇게 우리 민족을 못살게 굴던 일본군이 그림자도 없이 다 쫓겨 갔으니, 참 알 수 없는 노릇이오."

한 노인의 이야기를 듣고 나는 전도의 기회라는 생각이 들어 말을 꺼냈다.

"여보시오, 그 이유를 알지 못해 궁금하시오? 그러면 하나님을 믿으시오. 천지만물을 주관하시고 만고흥망을 주장하시는 하나님께서 조선민족을 불쌍히 여기시어 36년 동안 고생하는 것을 보시고, 또 하나님 믿는 사람들의 소리 없는 기도를 들으시고 이처럼 해방을 주신 걸 모르십니까? 국가 뿐 아니라 개인의 흥망성쇠 역시 다 하나님께 달렸으니 당신네들도 예수를 믿으시고 하나님의 법도대로 살아가시오. 우리가 지난 36년 동안 고통을 겪은 것은 예전에 하나님을 모르고, 그 법도를 어긴 까닭이니 앞으로는 이 점을 깨달아야 합니다."

노인들은 내 말을 옳게 여기는 것 같았지만, 하나님을 믿는 것에는 머리를 흔들 뿐이었다.

박종건 씨의 아버지인 박 노인은 농업으로 가세(家勢)를 일으킨 분인데, 학식은 없어도 순수하고 풍유가 있는 분이다. 또 박종건 씨 댁에는 박 노인의 사돈인 황희언이라는 노인 한 분도 피난을 와 있었다.

당시 박 노인은 이곳 장흥역 일대도 안전하지 못한다고 생각하여 뒷산 깊은 골짜기에 들어가 임시로 초막을 짓고 살고 있었다. 그래서 아들 박종건 씨가 아내와 함께 날마다 그곳에 올라가 밤을 지내기도 하고, 낮에도 가끔 올라가곤 했다. 김 집사도 초막을 지어보려고 그곳에 가보았지만, 거리가 워낙 먼데다가 집을 짓기도 힘들 것 같아 포기하고 돌아왔다.

또 한 번은 아내 숙자와 김 집사가 장흥에서 십여 리 떨어진 장연옥 속장의 집을 찾아가 보기도 하였다. 그러나 장 속장 역시 무산방면으로 가는 일본군들을 피해 남의 집에서 신세를 지고 있어서 이불 한 채만 얻어 돌아올 수밖에 없었다.

박종건 씨 댁에서 신세를 진 지 이틀이 지났다. 집주인인 박 노인이 환대를 하지 않아서 형편을 보아 집으로 돌아갈까 하던 중, 어느 날 숙자와 함께 박 노인의 초막에 올라가 보기로 하였다. 그래서 산길을 걷고 있는데, 비행기 한 대가 날아와 상공을 휙 선회하고 돌아갔다. 우리 둘은 깜짝 놀라 풀숲을 찾아 숨어 들어갔다.

나중에 듣자니 일본군 패잔병들이 무산읍 산중으로 숨어들어가 소련비행기가 일본군을 찾기 위해 자주 산중을 정찰한다는 것이었다. 그 때문에 산에 올라가거나 숲속이나 개천가를 배회하는 것은 위험하다고 했다. 하물며 산 속에 지은 초막도 위험하긴 마찬가지였다.

그래서 아직 철이 없는 인원, 인수 군에게 산 위에 올라가지 말라고 당부를 하였다.

나는 날마다 남쪽에서 오는 사람이 있으면 청진 소식을 물어보았다. 어떤 사람은 말하기를 아직 전쟁이 끝나지 않았다고 하며, 어떤 사람은 시내가 평온하고 피난을 간 사람은 다 돌아오라는 군령이 있었다고 한다. 청진 방면에서는 총소리가 없고, 다만 나남 방면에서만 포성과 포연이 그치지 않고 있었다.

황 노인이 내일(8월 18일) 인외동에 있는 자신의 집으로 돌아가겠다고 말을 하니, 사돈인 박 노인도 인외동에 가보아야겠다고 했다. 김 집사도 청진으로 돌아가 보자고 해서, 우리 모두는 이튿날 아침 일찍 밥을 지어먹고 배낭을 짊어진 채 길을 떠났다. 일행은 김집사 가족 다섯에 우리 부부, 그리고 황 노인과 박 노인 이렇게 총 아홉 명이었다. 하지만 감히 큰 길로는 가지 못하고 숲속 길을 따라 갔다.

가다 보니 숲속에 집이 두어 채가 있는데 일본군 패잔병들이 밥을 짓고 있었다. 그래서 파수를 보는 병사에게 이리로 가도 괜찮으냐고 물으니 지나가라고 하였다. 그곳을 무사히 통과해 도동(桃洞)이라는 곳에 이르자 의사 이주섭 씨가 우리를 맞아주었다. 이주섭 씨의 말에 따르면 자신도 친구 집으로 피난을 왔다가 가족 몇 명은 먼저 귀가했고, 자기는 옷차림이 일본인과 비슷해서 좀 더 기다렸다 갈 생각이라고 했다.

그 후 근처에 있는 황 노인의 사돈집에 들어가 점심밥을 먹고, 다시 길을 떠나 나지막한 고개를 넘으니 공동묘지가 있는 직하동(稷下洞)이었다. 이곳은 전에 몇 번 와본 적이 있었다. 그곳에서부터는 산길 대신 큰 길을 따라가기로 하였다.

큰 길로 나오자마자 어느 나무 그늘 밑에서 우리 이웃집에 살고 신문을 경영하는 김화봉 씨 부부를 만났다. 자기들도 피난을 왔다가 며칠 후에 돌아가려고 지금 기다리고 있는 중이라고 했다. 그리고 우리가 먼저 화원동으로 돌아가거든 자기 집에 걸어둔 일본천황

사진을 치워달라고 부탁했다. 언제는 걸어 놓고 이제는 치워 달라 하니 사람 마음은 아침저녁으로 달라지는 것이라는 생각이 들었다.

전에는 신사참배를 하라고 강요하고, 참배를 하지 않으면 역적이라는 소리를 귀가 아프게 들었는데, 이제는 상황이 바뀐 것이다. 그리고 한편으론 신사참배를 반대하다가 평양 감옥에서 목숨을 마친 주기철(朱基徹) 목사에 대한 생각이 떠올랐다. 그는 진정 하나님의 충성스런 종이었다. 그에 비해 나는 신사참배를 한 적은 없으나 참배를 주장하는 감독 밑에서 목사로 있었으니 참배자나 다름이 없는 셈이다. 심히 부끄러운 일이 아닐 수 없었다.

길을 따라 가다보니 소련병사들이 종종 길가에 서있고, 그 주위엔 죽어 널브러진 시체들을 볼 수 있었다. 정말 무시무시한 광경이 아닐 수 없다. 간신히 인외동에 도착해 멀리서 바라보니 김 집사의 집은 아무런 피해 없이 그대로 서있었다.

해가 뉘엿뉘엿 질 무렵에 김 집사 집 앞에 도착하니 이상용 씨 부부가 그 집에서 머물고 있다가 우리를 맞았다. 돌아와서 집안을 둘러보니 부서진 곳도 없고, 가구들도 모두 멀쩡했다. 그것을 보고 김 집사가 모두 목사님 기도 덕택이라고 말하며, 무엇보다 우리 일행이 무사히 돌아온 것이 더욱 감사한 일이라고 했다.

김 집사 집에 있는데 신창균 장로가 찾아왔다. 안 그래도 궁금하던 중에 반가워서 서로 붙들고 눈시울을 붉혔다. 내가 예배당이 어떻게 되었는지 물으니 다른 집은 다 타버렸지만 교회만은 무사하다고 하였다. 덕분에 적잖이 마음에 위안을 받을 수 있었다.

신 장로는 13일 저녁에 산하동으로 피난했는데 다소 혼란이 있었지만 비교적 안전하게 있었다고 했다. 그리고 그 외의 교우들은 어떻게 되었는지 알 수 없다고 해서 우선 엎드려 기도를 드렸다. 하지만 곧장 화원동 집에 가볼 용기는 나지 않아서 그날 밤은 김 집사 집에서 보내기로 했다.

이튿날도 시내 분위기는 여전히 흉흉했다. 우리 부부는 곧장 큰 길로 가지 못하고 원동 골목길로 돌아서 가기로 했는데, 모두들 팔에 붉은 띠를 두르고 다니는 것이 보였다. 우리도 붉은 띠를 한 조각 얻어 좌측 팔에 두르고 집에 찾아가니 세간은 난민들이 모두 가져가고, 책들은 모두 바닥에 꺼내놓은 상태였다. 예배당 안도 마찬가지여서 강대상은 한쪽으로 밀어놓고, 풍금도 가져가려는 듯 한쪽에 꺼내놓고, 시계도 떼어놓았다.

며칠 전, 신 장로가 예배당에 와서 보니 어느 덩치 큰 남자가 시계와 풍금을 가져가려하고 있었다는 것이다. 그래서 누구냐고 물어보니 대답하길 "나는 독립당이다."하며 밖으로 나갔다고 했다. 만약 우리가 조금만 더 늦게 왔더라면 교회 비품을 전부 도난당할 뻔 한 셈이다.

우리 부부는 하나님께 엎드려 "이 집은 우리 교우들의 눈물로 산 것입니다. 그것을 아시고 특별히 보호해주시니 감사합니다." 하고 기도를 드린 뒤, 예배당 안의 유리파편을 치우고, 흙과 먼지도 깨끗이 청소하였다. 강대상과 풍금을 제자리에 정돈하고 시계도 다시 걸어놓고 물걸레로 깨끗이 닦고 있으려니까 신 장로가 찾아왔다. 그래서 함께 깨어진 유리창을 널빤지와 양철판으로 막고, 흩어진 서적을 정돈하여 책장에 집어넣었다.

바닥에 찢어진 옷들을 정리하고 부엌으로 내려가 보니 천정에 단 전구나, 식기류는 물론이거니와 밥을 지어먹을 솥조차 없었다. 우리는 빈방을 모두 정리한 뒤, 날이 어두워지기 전에 다시 인외동으로 돌아올 수밖에 없었다. 피난 간 이웃사람들이 아직 아무도 돌아오지 않은데다가, 전등도 모두 깨져서 시내엔 불빛이라곤 찾아볼 수 없었던 것이다.

다음날은 고아원을 방문했다. 안홍석 씨가 서울에 가서 돌아오지 않는 바람에 전위종 씨 혼자서 고아들을 데리고 전란을 겪어야 했다고 한다. 아이들에게 먹일 것이라고 해봐야 보리쌀, 전분 등 몇 달 치가 전부여서 앞으로 살길이 막막하다고 했다. 그런 와중에도 전 선생은 우리 부부의 생활을 걱정하여 채소 한 단과 보리쌀을 보내주었다.

이틀 밤을 인외동에서 지내고 화원주택에 와보니 이기천 씨와 신문을 파는 김화봉 씨가 돌아와 있었고, 몇몇 이웃사람들도 눈에 띄었다. 하지만 빈 집에서 우리 부부만 있기가 불안해서 이기천 씨 가족과 한 집에서 이틀 밤을 지냈다.

그로부터 하루 이틀이 지나자 시내에 사람들이 보이기 시작하고, 이웃에서도 사람소리가 들리기 시작하였다. 그와 더불어 집집마다 붉은 기와 태극기를 함께 다는가 싶더니, 하루는 불타버린 신역전(新驛前) 광장에서 시민대회가 열린다는 소식이 있어서 나가보았다. 사람들이 곳곳에서 구름처럼 모여들어 있었는데, 그 속에서 태극기와 붉은 기가 뒤섞여 흔들리고 있었다.

풍악과 나팔소리에 이어 가장행렬이 이어지는가 싶더니, 도포를 입은 사람, 관복 잎은 사람, 사모관대를 한 사람, 광대, 기생, 무당 등 각양각색의 사람들이 한 대 섞여 장사진을 이루면서 신암정(新岩町) 항구 방향으로 나아갔다. 독립만세를 부르며 춤을 추는 사람, 유건(儒巾)에 예복을 입고 춤추는 사람, 장구나 가야금을 들고 노래하는 사람 등 온 시내가 춤과 노래로 뒤덮였다.

영문도 모른 채 그 사이에 끼어들었던 나는 눈물이 저절로 흐르면서 나도 모르게 만세를 세 번이나 불렀다. 광무제(光武帝)[9] 즉위 2년(1897년)에 독립문을 세웠을 때, 그리고 기미년(己未年, 1919년)에 손병희 등 33인의 주장으로 만세를 불렀을 때 이후 세 번째로 만세를 부르는 것이었다. 하지만 이번 만세는 그 전의 두 번보다 좀 더 의미심장한 것이었다.

나는 감사의 눈물을 흘리며 조선독립을 위해 노력하다 죽은 자, 일제에 붙들려 고문당하다 죽은 자, 감옥에 갇혀 참형을 당한 자 등을 떠올렸다. 그리고 희생된 지사의 유가족들이 눈물을 흘리며 위로금을 받는 것을 보고 또 울음을 터뜨렸다.

---

9) 대한제국 고종황제

다음날 나는 교우들의 집을 찾아가 보았다. 아직 대부분이 피난에서 돌아오지 않았고, 돌아온 사람들도 그 동안 잃어버린 물건들을 찾기 위해 애를 쓰고 있었다. 어떤 사람은 생긴 지 얼마 안 된 보안서를 찾아가 이런 사정을 말하기도 했지만 대부분은 물건을 되찾지 못했다.

그런 와중에 조카 원영이가 찾아왔다. 교회 지하실에 둔 자기 집 물건을 찾아가려는 것이었다. 다행히 지하실에 둔 물건들은 모두 그대로 있었다. 신 장로는 약품과 재봉기를 찾아가고, 김 집사 역시 자기 집 물건들을 찾아갈 수 있었으며, 우리 역시 재봉기와 이불을 고스란히 되찾을 수 있었다. 그에 비해 친척 집에 짐을 가져다 두었던 장연옥 속장이나 정거장 수송부에 짐을 맡겨 둔 한옥수 속장, 80여리 떨어진 아는 집에 짐을 가져다 둔 이학열 군 등은 모두 맡겨두었던 물건들을 잃어버리고 말았다.

그즈음 어항의 진승준 전도부인의 소식이 궁금했지만 길이 막혀서 가진 못하고 소남리의 원영에게 소식을 물었다. 그랬더니 어떻게 이야기를 들었는지 진 전도부인이 황종탁 군과 함께 집으로 찾아왔다. 덕분에 그녀의 피난 이야기를 들을 수 있었다.

진 전도부인은 어항에 총소리와 대포소리가 터지기 시작하자 교회당 안에 엎드려 기도를 드렸다고 한다. 그러다가 상황이 정 위급하면 방공호에 들어가 숨기도 하면서 교회당이 불타면 같이 죽을 각오로 계속해서 기도를 드리고 있었다고 했다. 그러던 중 황종우군과 그 아버지가 피난에서 돌아와 진 전도부인이 죽은 줄 알고 장례를 준비하려다가 그녀가 살아있다는 것을 알고 반가움과 기쁨의 눈물을 흘렸다는 것이다.

진승준 전도부인이 오고 간 뒤, 이학열 씨 부부가 찾아와서 날 붙들고 울며 "남쪽으로 갑시다." 하며 말하는 것이었다. 그래서 나는 "남쪽이라고 별 수 있겠습니까? 조선 전체가 남의 나라 군사점령지가 되었으니 완전한 해방이 되기 전까지는 갈 수도 없고, 그저 주님의 처분만 기다리는 수밖에 있겠습니까?" 하고 위로하였다.

감옥에 갇히다

일본군이 물러간 이후로 사람들은 관청으로부터 일본말 대신 조선말만 쓰라는 지시를 받았다. 그러나 이 지역에서는 지난 4년 동안 누구도 조선어를 가르치지 않았다. 사람들은 모두 일본어만을 사용해 온 터라 일본어를 못하는 나로선 그동안은 남들과의 대화나 생활에 있어서 불편함이 많았었다. 그러던 것이 지금 와서는 다시 조선어를 사용하게 되었지만, 문패는 아직 모두 창 씨 개명한 그대로 있는데다가 사람들이 사용하는 어휘도 모두 일본어, 그리고 시장에서 물건을 매매하거나 관청에서 사용하는 말 역시 모두 일본어여서 나 같이 조선말을 오래 써오던 늙은이로선 여전히 불편하기 그지없었다.

하루는 도청교육국에서 주최하는 조선어 강습회에서 내게 일주일간 강연을 해달라는 연락이 왔다. 나는 전도에 도움이 될까 해서 겸사겸사 승낙하였다. 강습회에 가보니 30여 명의 사람들이 모여 있는데 다 소학교의 선생들이었다. 나는 먼저 세종대왕께서 반포하신 한글 자음과 모음 28자를 가르치고, 잘못된 문법이나 어휘를 고쳐주기도 하면서 일주일간의 강습회를 마쳤다.

그 뒤, 공업학교 후원회장 김원규 씨가 찾아와서 학생들에게 조선사를 가르쳐달라고 하여 승낙하였다. 내겐 여러 해 동안 교편을 잡아본 경력이 있는데다가 나라의 사상을 바로잡기 위해서는 무엇보다도 역사를 바로 가르쳐야 한다는 사명감에서였다.

공업학교에서 조선사를 가르치고 나자 이번엔 공립학교 교장 김석조 씨가 찾아와 내게 학교에서 조선사를 가르쳐 달라고 부탁했다.

그는 젊은 나이에 학교를 졸업한, 매우 자상하고 성실한 인물이었다. 이번 일 역시 전도에 도움이 될까 해서 한 학기 동안 교편을 잡고 꾸준히 조선사를 가르쳤다. 그러나 등사기구가 없어 곤란을 겪기도 하였다.

그해 9월 첫 주에 예배를 다시 시작하였다. 처음에는 20여 명 정도 신도가 모였고, 그 다음 주에는 30여 명 정도가 출석하였다. 많은 사람들이 서로 살아서 다시 만난 기쁨에 손을 붙잡고 눈물을 흘렸다.

나는 시청에 가서 위원장 최중훈 씨에게 정부의 종교에 대한 방침이 어떻게 되느냐고 물었다. 그가 대답하길 신앙은 절대 자유이고 간섭하지 않는다는 방침이 있으나, 북조선에서는 기독교, 불교, 천도교 세 종파만 허락하고, 기타 미신에 속하는 유사종교는 단속하겠다고 하였다. 그동안 기독교가 일제 치하에서 갖은 고난을 겪어온 지라 소련군이 상륙한 뒤엔 어떻게 될까 걱정하고 있었는데, 이 소식을 들으니 뛸 듯이 기뻤다.

주일 아침예배는 드리지 못하고 저녁예배만 드리던 장로교에서는 이제 아침저녁 모두 예배를 마음 놓고 드리게 되었고, 성결교에서는 해산선고를 발표한 뒤 예배를 드리지 못하다가 다시 부흥예배로 모이게 되었다고 했다. 겉으로 보면 종교가 다시 빛을 발할 수 있는 상황인 것 같았다. 그러나 속사정을 살펴보니 기독교인에게는 일반 공직을 허용하지 않고, 심지어는 교직에 있어서도 불이익이 있어서 어떤 교인은 정치학교에서 쫓겨난 경우도 있다고 했다. 더구나 남편이 공직에 있는 경우엔 아내의 교회 출입을 막는 경우도 많다는 것이었다.

얼마 동안 여러 곳의 소문을 종합해 본 결과, 이 근방의 교회와 교인들이 점차 줄어들고 있다는 사실을 알 수 있었다. 어떤 곳에서는 교회 벽 위에 광고문을 어지럽게 붙여 예배를 방해하는가 하면, 교역자의 여행을 감시하는 경우도 있었고, 또 공공연히 “기독교는 신사참배를 한 단체이니 친일세력이다." 라는 발언도 나오고 있다고 했다.

또한 주을교회의 김득수 목사는 경성에 있는 사위 최창범 씨 집의 사설교회에 가서 일주일간 집회를 인도하고 세례를 주고 돌아오는 길에 회령 보안서에서 심문을 당했다고 했다. 짐과 가방을 일일이 검사하고 성경을 가리키며 무슨 책이냐고 묻더니, 무엇을 하러 다니는 사람이냐며 몇 시간 동안이나 심문을 했다고 한다. 나는 이러한 사실에 안타까워하면서 밤낮으로 기도를 드리기 시작했다.

다행히 1945년은 고난 가운데서도 하나님의 은혜가 풍성한 한 해였다. 성탄절에는 경성에서 남녀 다섯 사람에게 세례를 주었고, 청진에서도 남녀 여섯 사람에게 세례를 주었으며, 어항에서는 세례 받기 원하는 몇 사람을 학습인으로 받아들였다. 외부의 핍박 속에서도 세례교인이 늘어가는 것을 감사하며, ".내년에는 모든 모순과 구속이 다 사라지고, 자유로운 전도와 신앙을 얻게 해주십시오." 하고 기도드렸다.

1946년 초가 되자 만주에 살고 있던 많은 동포들이 중국인에게 핍박을 받아 생명과 재산을 빼앗기고 조선으로 쫓겨 오기 시작했다. 자연히 청진의 인구가 늘어나면서 물가가 오르고, 우리 교회 역시 교인 수가 늘어났다.

그러던 중 평양으로부터 각 도의 보안부에 "남한과 연락을 주고 받은 혐의로 각 교회의 목사들을 일제히 검거하라."는 지시가 내렸다는 소식이 들려왔다. 이 소식에 몇몇 목사들은 겁이 나서 도망을 가기도 하였으나, 나는 교회를 버리고 비겁하게 살 바에는 교회를 지키겠다고 마음을 굳히고 있었다.

당시 우리 집은 만주 피난민들의 여관이나 다름없었다. 배형제 목사의 일행 15명이 와서 보름 동안 머물다가 원산으로 출발하고, 또 신광현 목사 가족 10여 명이 와서 머물고 있는 중이었다. 사람들 편에 듣자니 만주에 남아 있는 우리 동포들이 학살을 피해 도망쳐 오다가 두만강에서 소련병사들에게 총살을 당하는 일까지 있다고 했다.

1946년 5월 31일 밤 10시 쯤, 낯선 청년 다섯 명이 집으로 찾아왔다. 곧장 침실로 들어온 그들은 내게 보안서에서 왔다고 밝힌 뒤 가택수사를 시작했다. 그들 중 한 명이 내게 물었다.

"이렇게 하는 이유를 아십니까?"

"나는 모르겠소."

그러자 그들은 내 물품과 만주에서 피난을 와서 우리 집에서 함께 살고 있던 신광현 목사의 물품을 모두 수색한 뒤, 교인 명부와 전도사 명부, 내가 기록한 〈북선전도약사〉와 많은 원고들, 〈조선어문법〉과 〈조선사〉, 그리고 최남선 저 〈고사통(故事通)〉 한 권, 그 밖에 다른 많은 물건과 필기구 까지도 모두 압수하고는 나도 함께 가자고 하여 끌려가게 되었다.

난생 처음 보안서에 끌려갔더니, 한 사람이 내게 "당신은 왜 현 정권을 비난하시오?" 하고 물으며 의자에 앉으라고 명령했다. 그리고 조금 있으니 최영수, 장동식 두 학생을 불러와 그들을 아느냐고 물었다. 내가 안다고 대답하였더니 다시 학생들에게 묻기를 이 사람을 아느냐고 한다. 학생들이 안다고 하자 "이제 주동자가 왔으니 너희들은 죄가 없다. 그만 가서 있어라" 하는 것이었다.

그 뒤 나는 창고를 개조해서 만든 유치장으로 끌려갔다. 소지품을 전부 맡기라고 하더니 몸수색을 해서 물건들을 모두 압수해갔다. 그러고는 나보고 9호실로 들어가라고 한다. 들어가서 보니 좁은 방안에 모두 18명이 있었다. 방이 좁아 사람 위에 사람이 포개어져 누워 있는가 하면, 눕지도 못해 쪼그리고 앉아 있는 사람들도 많았다. 이제 내 나이 70세가 넘었으니, 이런 상황에서 버텨낼 수 있을지 걱정스러웠다. 나는 그 즉시 엎드려 "주의 처분대로 유치장에서 떠나게 하시던지, 아니면 보호하시어 살게 하시던지, 저의 삶과 죽음을 전부 맡기오니 처분대로 해주십시오." 하고 기도를 드렸다.

그곳에서 밤을 지내고 아침이 되자 서리 맞은 풀처럼 힘을 쓸 수가 없었다. 그곳에 갇힌 18명 중에는 사식을 먹는 사람도 있었고, 또 변변찮은 관식을 먹는 사람도 있었다. 하지만 사식을 먹는 사람

역시 혼자 먹을 수 없어 관식을 먹는 굶주린 사람들과 함께 나누어 먹곤 하였다.

식사뿐 아니라 흡연 또한 문제였다. 담배를 피우는 것을 딱히 막지는 않았지만, 9호실 밖으로 연기가 나가면 간수들은 매섭게 질책을 해오곤 했다. 그럼에도 담배를 끊지 못하고 무슨 수를 써서든지 담배를 구해 피우는 사람들이 많았다. 담배가 있더라도 성냥이 없는 경우도 있어서 담배와 성냥을 서로 바꾸거나 꿔주고, 또 남이 피우다 내다버린 꽁초를 찾아 피우기도 했다. 마치 담배의 노예가 된 사람들 같았다.

담배연기가 자욱한 가운데 있자니 머리가 아프고 정신이 아뜩했다. 몸을 움직여 누워 보려고 하니 함께 갇혀있던 죄수 김일수 씨가 "노인장, 좀 누우시지요." 하고 자리를 비켜주었다. 어찌나 고마운지 눕기 전에 엎드려 "밤사이에 죽지 않은 것은 주님의 은혜입니다. 오늘도 또한 주님께서 저와 함께 하시길 원합니다." 하고 기도드린 뒤 잠시 눈을 붙였다.

깜빡 잠든 사이 누군가 흔들어 깨워 일어나 보니 보안서에서 호출이 있다고 나오라는 것이었다. 겨울 저고리에다 게다10)를 신고 보안서에 갔다. 어제 가택 수사를 하던 사람이 "혁신단을 아느냐?"고 묻기에 "전혀 알지 못한다."고 대답했다. "정말로 모르시오? 정말이오?" 하고 다시 묻더니 유치장으로 돌아가라고 한다. 정말 모른다고 맹세를 한 뒤 다시 유치장으로 돌아왔다.

9호실로 돌아가니 갇혀 있던 사람들이 내게 물었다. "무슨 까닭으로 당신 같은 노인장이 이곳에 들어오셨소?" 나는 전혀 모르겠다고 대답했다. 그러자 사람들은 "저 노인이 아마 목사인가 보오." 하며 서로 수군거리기 시작했다. 좀 있으려니 어떤 사람이 "목사님은 무슨 죄가 있으셔서 들어오셨습니까?" 하고 물었다. 그때 갑자기 어느 보안서원 한 명이 들어오더니 각 죄인들의 죄목을 묻기 시작했다.

---

10)일본식 나막신

하지만 내게 이르러서는 목사냐고 묻더니 그 이상 죄목을 묻지 않았다.

9호실 사람 중에는 밖에 나가 죄수들에게 사식과 관식을 나누어 주는 청년이 한 사람 있었다. 그래서 나는 그에게 신창균이라는 사람이 있느냐고 물었다. 그러자 청년이 대답하길 자기가 오늘 보안서에 갔는데 신창균이란 사람이 잡혀와 있었다고 했다. 보안서원이 "공당 공당 방아질"이 무슨 말이냐고 물으며 그 사람의 뺨을 쳤다는 것이다. 지금 그 사람은 유치장 7호실에 있는데 사식도 가져다 먹는다고 했다.

"공당 공당 방아질"이란 가택수사 당시에 어느 책 속에서 발견된 문장인데, 시적인 해학을 담은 글로써 시대를 풍자하는 표현이었다. 신창균 씨가 그것을 썼었는데, 내가 그것을 없애지 못하고 취조 시에 누가 쓴 글이냐고 묻기에 신창균 씨가 쓴 것이라고 곧이곧대로 대답하고 말았던 것이다. 결국 신창균 장로의 고생은 내 탓이다. 그의 허물을 덮지 못한 나의 허물인 것이다.

나는 그 시가 신창균 씨가 남한에 있는 아들 집에 갔다가 남한 사람들이 이야기하는 것을 듣고 적은 것이라고 하고, 신 씨는 그것을 직접 창작한 것이 아니라 기록한 것뿐이라고 주장하였다. 그러자 하루는 보안서장이 와서 내게 "요새도 시를 잘 지으시오?" 하고 묻는다. "무슨 시를 말입니까?" 하고 되묻자 "공당 공당 방아질 말이오." 한다. 내가 "그걸 내가 지은 줄 아시오?" 하고 대꾸하자 서장은 큰 소리로 신경질을 냈다.

서장이 나가고 나자, 유치장 안 사람들은 "서장으로서의 체면도 있을 텐데, 저 사람은 왜 저렇게 가볍게 말을 하는가?" 하며 서장을 나무랐다. 안 그래도 간수들이 유치장 안에서 노래를 읊조리거나 이야기를 하는 것을 보면 때리고 질책하는데, 서장을 화나게 했으니 앞으로 통제가 더 강화되지 않을까 걱정이 된다. 다행히 그 후로 감방제도가 매우 완화되었지만, 그래도 성질 급한 간수를 만나면 통제가 여전히 심하였다.

유치장에 갇혀있게 된 뒤 나는 하루 종일 앉아 있거나 아니면 엎드려 기도를 드렸다. 옆에 있던 사람들이 내 모습을 보고 왜 기도를 하느냐고 물었다. 내가 "전지전능하신 하나님께서 이 가운데에도 계시며 나의 사정을 다 고하면 가엾게 여기시어 갇힌 사람은 풀려나고, 죽은 사람은 살아나며, 근심하는 사람은 위로를 받습니다. 그래서 기도가 우리들에겐 큰 위로가 될 수 있습니다." 하고 대답하였더니, 그들도 함께 엎드려 기도하기 시작했다. 그 후 내가 "아멘" 할 때마다 그들도 같이 "아멘" 하며 아침마다 규칙적으로 기도를 드리게 되었다.

얼마 뒤, 다시 보안서에서 호출이 있었다. 이번에는 집을 수색할 때 왔던 이름을 모르는 감찰계장이 심문실로 데려가더니 질문을 해왔다.

"학생들에게 무슨 불온한 말을 한 것이 있으면 다 말하시오."

"남학생 두 명, 여학생 세 명이 날 찾아왔었습니다. 남학생들은 한 번 오고 다시 오지 않았고, 여학생들은 예배시간에 와서 함께 예배를 드리고, 후에 조선사를 가르쳐 달라고 해서 몇 번 가르친 일은 있습니다. 하지만 불온한 말을 한 적은 없습니다."

내 대답에 그 사람이 다시 말하길 "당신이 바른대로 말하지 않으니 여기서 취조할 수 없소. 사회부로 넘기겠소." 한다. 그래서 "마음대로 하시오." 하고 대답하고 조금 있으니, 얼굴에 흉터가 있는 청년이 들어와 다시 나를 취조하기 시작했다.

그는 내게 주소와 이름을 묻고 사건의 전말에 대해 물었다. 내가 앞서와 같이 진술하였더니 눈을 부릅뜨면서 "이놈! 죽일 놈 같으니라고, 바른대로 말하지 않고 내 손에 죽어 볼 테냐?" 하고 소리를 질렀다. 그러더니 그는 "나는 너를 죽일 수도 있고, 살릴 수도 있다!" 하며 나를 구둣발로 차고 뺨을 몇 번이나 때렸다. 그 바람에 피가 터지고 의자에서 떨어져 바닥에 나뒹굴게 되었다.

그러자 그는 다시 권총을 꺼내 들고 나를 향해 겨눠들더니 다시 바른대로 말하라고 소리치기 시작했다. 하지만 나는 이미 죽음을 각오했기 때문에 아무런 대답도 하지 않았다.

"왜 이놈, 대답하지 않느냐? 죽여 달라고 기도 하느냐? 난 유물론(唯物論)을 공부한 사람이다! 나는 십여 년 동안 만주를 떠돌아다니며 조선 사람들을 위해 피땀을 흘렸다! 그래서 너 같은 놈은 살려둘 수가 없다!"

그가 다시 화를 내며 소리치기에 나는 "아무리 생각해도 내게 무슨 죄가 있어서 그러는 지 알 수가 없소." 하고 대답하였다. 그러자 그는 "나에 대해선 사회부에 있는 최 동무가 잘 안다! 내가 어떤 사람인지 물어봐라!" 하고 종잡을 수 없는 말을 해댔다. 나는 그런 말에 변명할 것도 없고, 죽음이 두려워 횡설수설 할 것도 없기에 다시 침묵을 지키기로 했다. 그러자 그 사람은 혼자 꾸짖고 지껄이고 떠들다가 제풀에 지쳤는지 밖으로 나가버렸다.

유물론을 가르치려는 것인지 뭔지는 모르겠지만, 아무런 죄목도 가르쳐주지 않고 그저 "죽일 놈 살릴 놈" 하는 것에는 어이가 없었다. 예수께서 빌라도 앞에서 침묵을 지킨 것처럼 나 역시 아무 말도 하지 않고 그저 "주께서 살펴주십시오." 하고 기도할 따름이었다. 결국 나는 보안서원과 함께 유치장으로 돌아왔다. 귀가 멍하여 잘 들리지 않고, 머리가 어지러운 데다가 다리가 떨려 넘어질 뻔 했다.

돌아와서 생각해보니 마지막에 나를 취조했던 사람은 공산주의자인 것 같았다. 소련에서는 노인과 어린이를 보호한다고 하는데, 그 나라에서 교육을 받았으면서도 어떻게 그토록 포악하게 행동하는지 알 수 없었다. 그런 사람 때문에 공산주의가 더욱 비판을 받고 있는 것 같았다.

또 그렇게 유치장에 갇혀 있는데, 하루는 이택수란 이름을 가진 오십 대 남자가 한 명 들어왔다. 그는 특별한 지식인은 아니었지만, 사상에 대해 잘 알고 시대의 흐름을 읽을 줄 아는 인물이었다. 또한 이익수 씨와 같은 집안인데, 그 일가는 함경북도 내에서도 상당한 영향력을 가지고 있었다. 지금 도청에서 일하는 이익수 씨와 이한수 씨 등도 모두 그의 일족이었고, 보안서장과 죽은 이용익(李

容翊) 대신[11] 역시 그의 일족이었다.

이택수 씨는 조금이나마 종교를 이해해보려고 애쓰는 사람이었다. 그는 지난 시월에 체포되어 십 개월 동안 장기구류중이라고 했다. 나는 그를 위하여 그가 예수를 믿고 구원을 얻게 해달라고 기도드렸다. 그는 나에게 기도하는 법을 배웠고, 방 안에 있는 많은 사람들과 함께 아침마다 기도를 드리게 되었다. 그로 인해 나는 유치장 안에 있으면서도 많은 위로를 받을 수 있었다.

어느 날 아침, 소련병사 하나가 와서 나를 호출했다. 나를 호출한 곳은 새로 정해진 육군사령부였다. 그곳에 도착해서 보니 소련병사가 여럿 있고, 조선인들도 몇 명 있었다. 어느 조선인의 인도를 받아 취조실로 들어갔다.

나를 심문하는 소련 장관의 이름은 알 수 없었고, 통역을 해준 조선인 역시 '마 동무'라고 불릴 뿐 이름은 알 수 없었다. 장관은 내게 이름, 주소, 나이를 물은 후, 여기서는 고문은 하지 않지만 대신 거짓말은 하면 안 된다고 말했다. 거짓말을 하면 삼 년 간의 징역에 처한다는 것이었다. 그러고 난 뒤 내게 장관이 묻고, 그것을 마 동무가 통역해 주었다.

"이학근을 아시오?"

"알고 있소."

"그가 지금 어디 있소?"

"황해도 사리원에 있소."

"무슨 이유로 그와 만났소?"

"교회를 다니게 하여 하나님께로 인도하려고 한 것이오."

"뭔가 특별한 말을 한 적은 없소?"

"없소."

---

11) 조선 후기의 정치가. 궁중의 내장원경(內藏院卿)이 되어 국가 재정을 맡았다. 1904년에 고려 대학교의 전신인 보성 학원(普成學院)을 설립하였다. 1854~1907.

"그 후에 당신을 몇 번이나 찾아왔소?"

"두 번인가 왔소."

"또 오라고 부탁하였소?"

"다음 주 예배를 드리러 오라고 하였소."

"왜 믿지도 않는 학생을 교회로 오라고 하였소?"

"목사는 전도하는 사람이기 때문에 어느 누구에게든 전도를 하는 법이오. 그 학생도 전도하기 위하여 오라고 하였소."

"다른 학생은 없소?"

"여학생 세 명이 왔지만 이름은 잘 모르오."

"그 여학생들은 몇 번이나 왔소?"

"주일에 와서 예배를 드리고 예배 후에 조선사를 가르쳐 달라고 해서 두어 번 가르친 일이 있을 뿐이오."

"그들에게 혹시 특별한 말을 한 일은 없소?"

"그 학생들이 '당국에서 김구와 이승만을 타도하여 매장하자고 하는 것이 옳은 일인가요?' 하고 묻기에 내 양심대로 '옳지 않다.' 고 대답하였소."

"왜 옳지 않다고 하였소?"

"성경말씀에 남을 미워하는 것은 죄라 하였고, 또 그런 일은 조선의 독립에 방해가 되기 때문이오."

"왜 방해가 된다고 생각하시오?"

"조선의 독립은 우리 백성이 원해서 되는 것이 아니고, 다른 세 나라가 허가한 뒤에야 가능한 것이오. 그런데 그 세 나라가 우리 나라의 무엇을 보고 독립을 허가하겠소? 다만 조선의 삼천만 국민이 마음을 합하여 하나가 된 뒤에야 가능할 것이오. 그래서 서로 뭉치고 협력해야 함에도 불구하고 서로 타도하고 매장하자는 것은 도리어 독립을 방해하는 것이 아니고 무엇이겠소?"

"그 외에 다른 말은 하지 않았소?"

"않았소."

"그럼 오늘은 이만큼 묻고 그치겠으니, 다음에 또 오시오."

취조가 끝나고 나는 소련병사와 함께 다시 유치장으로 돌아왔다.

며칠 후, 육군사령관이 온다고 하여 유치장 내의 분위기가 몹시 삼엄해졌다. 가만히 기다리고 있자니 나를 취조했던 장관, 사령관, 보안서장, 검사, 그리고 통역들이 실내에 들어와 각 죄수들의 죄목과 갇힌 시일과 고문 여부를 물었다. 하지만 내 앞에 이르러서는 별다른 질문 없이 그냥 지나가는 것이었다. 그러던 중 어떤 사람이 사령관에게 심문의 가혹함을 토로했다.

사령관이 돌아가고 나자 보안서장이 다시 돌아와서는 "당신들 죄는 생각하지도 않고 무엇이 그리 억울하다고 하시오? 그렇게 해서 당신들에게 무슨 이득이 있을 줄 아시오?" 하며 언성을 높였다. 이윽고 서장이 돌아가자 유치장 안의 사람들은 "서장의 체면도 생각해야지, 왜 그런 얘기를 했느냐"며 심문의 가혹함을 토로했던 사람을 나무랐다.

며칠 뒤, 다시 사령부에서 호출이 있었다. 사령부에 출두했더니 예전과 같은 질문을 반복했다.

"최영수 학생을 오라고 한 일이 있소?"

"있소."

"무엇을 하려고 오라고 했소?"

"예배를 드리러 오라고 했소. 목사는 누구에게든 전도를 해야 하기 때문에 그 학생을 믿음으로 인도하려고 한 것이오."

"어디로 오라고 했소?"

"예배당으로 오라고 했소."

"집으로 오라고 하진 않았소?"

"우리 집이 곧 예배당이오."

"학생에게 무슨 다른 말을 한 적이 있다고 최영수 학생이 자백했는데, 왜 거짓말을 하시오?"

"나는 거짓말을 하지 않소."

"당신이 진실을 말하지 않으면 몽둥이로 때리겠소!"

"몽둥이로 맞는다고 하더라도 하지도 않은 말을 어떻게 지어내겠소?"

"그러면 유치장으로 돌아가서 죽을 때까지 있으시오!"

취조를 마치고 나는 다시 유치장으로 돌아왔다.

내가 돌아오자 유치장 사람들은 일이 어떻게 되었느냐고 물었다. 그래서 "유치장에 가서 죽어라"라는 말을 듣고 왔다고 대답한 뒤, 곧바로 엎드려 기도를 드렸다.

"삶과 죽음이 모두 주께 있사오니, 사람의 뜻대로 하지 마시고 주님 뜻대로 하시옵소서. 사령관이 이 늙은이를 죽이려고 작정하여 계속해서 이곳에 가둬두던지, 아니면 시베리아로 보내 객사하게 하던지, 어딜 가서 죽던지 상관은 없습니다. 다만 주께서 함께 해주신다면 어디든지 제겐 천국일 따름입니다."

며칠 후에 또다시 호출이 있었다.

"공산주의는 좋아도 공산당의 행위는 좋지 못하다고 말한 적이 있소?"

"그 말은 하였소."

"무슨 행위가 좋지 못하다는 것이오?"

"동족을 보살피진 못할망정 타도니 매장이니 하여 무자비하게 다루는데다가, 쌀 한 말 값이 백 원이 되도록 물가를 안정시킬 생각은 하지도 않고, 자신들 배만 부르면 가난한 사람들은 굶어 죽건 말건 신경도 쓰지 않으니, 무엇 하나 잘 한 일이 있기나 하오?"

"최영수 학생이 자백하기로 또 다른 말을 한 적이 있다고 하는데, 왜 말하지 않소?"

"다른 말은 한 적이 없소."

"바른대로 말하지 않으면 지하실에 가두겠소! 어떻게 할 생각이오?"

"어딜 가든 죽음을 각오했으니 마음대로 하시오."

그러자 장관은 병사 한 명을 불러 나를 지하실로 데려가게 했다. 내가 갇힌 지하실 방은 빛 하나 없이 캄캄했다. 방 안에 들어서서 "누구 있소?" 하고 묻자, 청년 하나가 와서 나를 붙들어 주었다. 그의 도움을 받아 간신히 바닥에 있는 환풍구에 머리를 두고 몸을 눕혔다.

방 안에는 두 청년이 갇혀 있었는데, 한 사람은 장작량이라고 하는 중국 청년이고, 다른 한 사람은 황태욱이라는 조선인 청년이었다. 그들은 나를 매우 친절하게 맞아주었다.

황태욱 군은 회암동에서 농사를 짓고 있었는데, 하루는 그 동네 농민들과 도청에 농사지을 동안 먹을 양식을 청구하였다고 한다. 그런데 그 동네 조합장이 양식을 나누어주지 않아서 동네 청년들과 함께 조합장 집을 수색하여 쌀 일곱 가마를 가져와 농민들과 나눠 먹은 죄로 여기까지 오게 되었다고 한다.

한편 장작량 군은 밀수상으로 나진포에 갔다가 길가에 죽어 있는 소련병사를 살해했다는 누명을 쓰고 체포되었다고 한다. 육칠 개월간 미결수로 붙들려 있다가 나진 감옥에서 이곳 청진까지 오게 되었다고 했다. 장작량 군은 그 와중에 너무나 배가 고파 옷 안에 든 솜까지 먹었다고 했는데, 중국인이지만 조선말을 능수능란하게 잘 하였다.

두 청년이 내게 기도하는 이유를 묻기에 나는 "전지전능하신 하나님께서는 자비로우셔서 의지하고 구하는 자를 동정하시오. 그래서 죄를 회개하고 기도하면 죽은 자도 살아나고, 넘어진 자도 일어서며, 죄인도 풀려날 수 있는 것이오." 하고 대답하였다. 그러자 장작량 군은 이곳에서 살아 나가면 아내와 함께 연길에 있는 중국인 교회에 다니겠다고 하고, 황태욱 군 역시 하나님을 믿기로 하여 함께 기도를 드렸다.

이 지하 감옥에선 외부 음식물의 차입은 절대 금하고 있었지만, 사령부에서 주는 것만으로도 먹을 것이 넉넉한 편이어서 보안서의 유치장 생활 보다 오히려 나았다. 오전 11시쯤에 감자국 한 그릇과 빵 두 조각을 주고, 또 오후 5시쯤에는 볶음밥과 빵, 그리고 국도 주었다. 그리고 밤 9시나 10시쯤에는 아침과 똑같이 다시 국과 빵을 주었다.

며칠 후에 다시 호출되어 감옥을 나가니, 이번에는 학생들 문제가 아니라 감리교의 조직에 대해 묻는 것이었다.

"조선에 감리교가 언제 들어왔소?"

"1885년이오."

"누가 전하였소?"

"미국인 가우처 박사[12]요. 그 후엔 아펜젤라 목사와 스크랜튼 의사 부부가 감리교를 전하러 조선에 들어왔소."

"지금도 그들이 감리교를 경영하고 있소?"

"아니오, 1930년부터 우리 조선 사람들에 의해 경영되고 있소. 미국인들과는 관계가 없소."

"당신은 언제 목사가 되었소?"

"1920년 9월이오."

"그 때의 회장은 누구요?"

"웰취 감독이오."

"지금도 그와 연락을 하고 있소?"

"아니오."

"당신, 이승만과는 동창이라지요?"

"아니오, 나는 시골에 있고 그는 서울에 있으니 서로 만나지 못하였소."

"동창이라고 하던데, 왜 거짓말을 하시오?"

"거짓말이 아니오."

"또 이상재와 무슨 연락이 있지 않았소?"

"없소."

"같은 목사인데 왜 없소?"

"나는 감리교인이고 그는 장로교인이기 때문에 서로 연락하고 지내진 않소."

"한 번도 본 적이 없소?"

"한 번 본 일은 있소."

"그게 언제요?"

---

12) 존 프랭클린 가우처(John f. Goucher, 1845~1922, 감리교 목사) 근대 조선의 기독교 선교와 고등교육의 모태를 제공, 한국 초기 감리교 선교의 지대한 영향을 줌.

"장원국 대부인 장례식 때에 보고는 보지 못하였소."

지하 감옥에 갇힌 지 8일 만에 보안서로 돌아와 보니 유치장 안의 사람들이 많이 바뀌어, 다만 이득수, 지창헌, 김사록 세 사람이 남아 있을 뿐이었다. 이제는 이곳에서도 사식을 엄금하고 있어 상황이 전보다 더 좋지 않았다.

지하 감옥에서 나올 때, 황태욱 군과 장작량 군이 "목사님이 나가시면 기도를 어떻게 하면 좋습니까?" 하고 묻기에, "전에 배운 대로 쉬지 말고 기도하시오. 나도 나가서 당신들을 위해 기도하겠소." 라고 말하였으나 가슴이 뭉클하였다. 그래서 유치장으로 돌아오자마자 곧 엎드려서 두 청년을 위해 기도하였다.

그럭저럭 오뉴월이 지나고 칠월이 왔다. 하루는 저녁식사 후에 법관인 듯한 사람이 와서 내게 "무슨 일로 이곳에 들어왔소?" 하고 물었다. 나는 "별 다른 일은 아니고 다만 김구와 이승만을 타도 매장한다는 것이 옳지 않다고 말하였소." 하고 대답하였다. 다시 그가 "왜 그런 말을 했소?" 하고 묻기에 사령부에서 대답했던 것과 같이 설명하였더니, 별안간 그는 언성을 높이면서 소리쳤다.

"당신의 이론은 그렇지만, 이 북조선에서는 그를 타도하기로 법으로 정하였으니 당신은 죄가 있소! 당신은 벌을 받아 마땅하오!"

그 일이 있고 며칠 후, 다시 사령부의 호출이 있었다. 병사 한 명과 함께 사령부로 갔더니, 내게 전에 취조한 내용을 인정하느냐고 물었다. 그래서 인정한다고 대답하니 그럼 문건에 서명을 하라고 하여, 서명을 하고 지장을 찍었다. 그러자 다시 하는 말이 "만일 오늘이라도 사실을 말하면 곧바로 출감될 것인데, 사실대로 말하지 않으니 유치장에 가서 죽을 때 까지 기다리시오." 하고 말하는 것이었다.

나는 유치장으로 돌아와 "삶도 죽음도 주님의 처분에 달렸사오니, 주의 뜻대로 하시옵소서" 하고 간절히 기도를 드렸다.

그즈음 며칠 동안 아내 숙자의 얼굴을 보지 못하여 걱정이 되었다.

전에는 각종 서적이나 사식을 차입할 때 잠시 얼굴을 볼 수 있었으나 요새는 그림자도 보이지 않았다. 간수에게 물어보아도 모른다고 할 뿐이었다. 마음이 답답하여 기도를 드리고 나니 조금이나마 안심이 되었다.

간수에게 "옷의 이도 잡고, 차입한 책도 읽으려고 하니 맡겨둔 안경과 확대경을 좀 주시오." 하고 부탁하니 곧 허락하였다. 그 뒤로 보안서에서 준 각종 서적을 읽어 나갔다. 〈마르크스 유물론〉과 연변위원들의 연설과 김일성 장군의 연설과 사회주의 서적을 읽었다. 그리고 〈금삼(錦衫)의 피〉[13]이라는 역사소설을 읽고 한시 두수를 읊기도 하였다.

〈一〉 폐비윤씨(廢妃尹氏)

윤씨소용절세연, 일신총애관삼천, 방서이여중자격, 무고하유지밀천.
尹氏昭容絕世娟, 一身寵愛冠三千. 榜書已與重慈隔, 巫蠱何由至密遷.

내이조흔옥체범, 오호혈색금삼전. 고분삼척수능호, 풍곡시시문초연.
奈爾爪痕玉體犯, 嗚乎血色錦衫傳. 孤墳三尺誰能護, 楓哭時時聞愀然.

■ 해설 : 폐비윤씨(연산군의 생모. 소설 〈금삼의 피〉를 읽고 그 느낌을 읊음)

윤 씨의 환한 얼굴, 세상에 뛰어나게 예뻐서
한 몸에 받은 총애 삼천궁녀 중 으뜸이었지.

비방하는 방서는 이미 중자전에게 막혔는데
무함하는 사건은 왜 왕궁에까지 들어왔을까?

13) 월탄 박종화 선생이 1936년에 연산군의 생모 윤 씨가 사약을 받고 죽을 일과 연산군의 복수를 소재로 지은 역사소설

어째서 손톱자국은 임금의 옥체까지 범했나
안타깝다! 핏자국은 비단 적삼에 전하여졌네.

석자 높이의 외로운 무덤 누가 지킬 것인가
신나무 울음소리만 때때로 슬프게 들려오네.

■ 낱말

1. 방서이여중자격(榜書已與重慈隔) : 윤 씨를 모함하는 한글 대자보가 나붙고, 대왕대비[重慈] 인수대비가 윤 씨 복위를 반대하였음.

2. 무고사건 : 윤 씨에게 사약을 내리도록 궁녀들이 조직적으로 윤씨의 비행을 무고(거짓으로 고자질함)한 사건.

3. 조흔(爪痕) 성종의 얼굴을 윤 씨가 손톱으로 할퀸 일.

4. 금삼(錦衫) 윤 씨가 죽을 때 피 묻은 적삼을 친정어머니에게 전해주어 나중에 이를 통해 어머니가 죽은 진상을 알게 된 연산군이 폭정을 펴는 계기가 됨

〈二〉. 폐왕(廢王)연산

연산왕사실난심, 이효성광병국심. 설화비산다사루, 혈흔경패소왕심.
燕山往事實難諶, 以孝成狂病國深. 舌禍悲酸多士淚, 血痕驚悖少王心.

묘정원불청류애, 옥가하유절벽심? 성유재인부사직, 궁문일패항륜음.
廟廷元不淸流愛, 玉駕何由絕壁尋? 成柳諸人扶社稷, 宮門一閉降倫音.

■ 해설 : 왕위에서 쫓겨난 연산군

연산군의 지난 일들 실로 믿어지기 어렵다오,
효성 때문에 미쳐서 나라까지 깊이 병들었지.

설화로 일어난 사화들로 많은 선비들 울었고
핏자국으로 놀란 젊은 왕은 패악스러워졌다네.

왕궁에서는 본래 청렴한 사람들 싫어하거늘
왕의 어가는 무엇 때문에 양화도를 찾았는가?

성 씨와 유 씨 같은 사람들은 나라를 붙들려고
궁문을 닫아버리자 임금은 항복 문서 내렸네.

■ 낱말

1. 묘정원불청류애(廟廷元不淸流愛) 성희안이 성심원불애청류(聖心元不愛淸流)라고 하여 연산군을 풍자한 데서 나옴.

2. 절벽(絕壁) 월산대군의 별장이 있는 양화도를 가리키고 이곳에 연산군과 함께 성희안이 왔다가 위의 글을 쓴 것이 미워서 성희안을 강등시켰음. 뒷날 성희안은 중종반정을 일으킴.

3. 성류(成柳) 반정공신 일등인 성희안(成希顔)과 유순정(柳順汀)을 가리킴

〈한시 탈초 및 번역 조면희〉

며칠 후에 다시 호출이 있었다. 이전에 나를 취조하던 장관 대신 퍽 겸손하고 온후한 성품의 장관이 취조를 맡았고, 통역 역시 다른 사람이었다. 장관은 지금까지 나의 이력을 물은 후, 종교문제에 들어가 자세한 질문을 던지기 시작하였다. 묻는 말투에서 다소 학식이 느껴지고, 질문 또한 억압하는 태도 없이 논리적이었다. 그는 나의 감리교회에서의 경력을 물은 후, 다시 신의 존재 여부에 대해 토론하며 묻기 시작하였다.

"신을 분명히 믿는가?"

"분명히 믿소."

"의심 없이 믿는가?"

"의심 없이 믿소."

"정말 그렇소?"

"정말이오."

"어떻게 그렇게까지 믿을 수 있소?"

"성경에 증거가 있고, 또 우리의 생활 경험으로 보아도 틀림없소."

"그렇다면 내 물음에 답해보시오. 일본도 신을 믿고, 이탈리아도 신을 믿고, 독일도 신을 믿어 예배도 드리고 전도도 하면서 이번 전쟁에 이기게 해달라고 주야로 기도드리며 신에게 호소하였는데, 결국 그들은 싸움에서 대패하고 나라가 망하였소. 그에 비해 우리 소련은 신을 믿지 않고, 신이 없다고 주장하며, 예배도 기도도 드리지 않고 전쟁을 시작하였는데 싸움에서 이길 수 있었소. 그러니 신이 어디 있단 말이오?"

"그런 식으로 찾는다면 신을 찾지 못하오. 전지전능하신 신은 믿는다고 계시고, 믿지 않는다고 계시지 않는 신이 아니오. 신은 어느 곳에나 있으시고, 특히 선을 행하는 자와 함께 계시며, 악을 행하는 자는 멀리 하시니 그것을 알아야 하오."

내 대답에 장관은 머리를 끄덕거리더니 그 후로는 다시 까다로운 질문을 던지진 않았다. 그리고는 이번엔 역시나 이승만과 관계가 없느냐고 물었다. 내가 전과 같이 대답하자, 오늘은 이만 그친다고 하면서 다시 묻지 않았다. 아마도 그들은 나를 붙들어 들인 죄목을 찾으려고 애쓰는 모양이었다. 유치장으로 돌아와 안심하고 기도를 하며 시간을 보내었다.

다시 며칠이 지난 후, 또 호출이 되어 심문실로 갔다. 다시 취조를 하지는 않고 그 전에 심문한 내용을 인정하느냐고 묻기에 인정한다고 대답했다. 그러자 역시나 서명을 하라고 하기에 서명을 하고 지장을 찍었다. 그리고 다시 몇 가지 질문에 대답하고 다시 유치장으로 돌아왔다.

얼마 뒤, 인외동에 사는 장병철이라는 청년이 유치장에 들어왔다. 최영수, 장동식 두 학생을 후원하다가 검거되었다고 하는데, 그는 사람들에게 “얼마 지나지 않아 모두 석방될 것입니다.” 하고 말하였다. 그 말에 몇몇 사람은 “8.15기념일에는 꼭 석방될 것이다.”라고 추측하기도 하였다. 하지만 나는 주께서 허락하시면 풀려날 것이고, 주께서 허락하지 않으시면 풀려나지 못할 것이라고 굳게 믿고 있었다.

어느 날, 저녁식사 후에 또 실외로 호출되어 사무실에 들어가 앉으니, 아마도 법관인 듯한 점잖은 사람이 “무슨 일로 이곳에 들어왔으며, 들어온 지는 얼마나 되었소?” 하고 내게 물었다. “5월에 들어왔는데 아직 죄목은 모르고, 다만 김구와 이승만 타도가 옳지 않다는 말을 한 것밖엔 다른 일은 없었소.” 하고 대답하니, “타도가 옳지 않은 이유가 무엇이오?” 하고 다시 물었다. 그래서 사령부에서 대답한 것과 같이 대답하였더니, “나도 종교를 이해하긴 하지만 종교와 정치는 엄연히 다른 일이니 모든 일을 종교로만 해석할 수는 없소.” 하고 말하는 것이었다. 그리고 덧붙여서 말하길 “당신을 돕고는 싶으나, 사령부와의 관계는 내가 임의로 처리할 수는 없소.” 하면서 동정하는 표정을 보이기도 하였다. 그가 돌아간 후 간수에게 물으니 도사법부의 검사라고 했다.

이튿날 아침식사 후에 소련병사 한 명이 찾아와 나를 호출하였다. 또 어딘가로 가서 취조를 받나보다 하고 생각하였더니, 나오자마자 맡긴 물품을 찾으라고 하였다. 물건을 찾으면서도 어디 다른 곳으로 이송시키나보다 하고 소련병사를 따라 나서는데, 그 병사가 내게 집이 어디냐고 묻는 것이었다. 그래서 가까운 화원동이라고 대답하자 같이 가자고 하였다.

이불을 뭉쳐서 안고 집으로 돌아오니, 소식을 들은 신광현 목사, 최라길 씨, 최주태 씨가 달려와서 위로를 해주었다. 장기구류 51일 만인 7월 21일의 일이었다. 나는 곧이어 교우들과 함께 눈물의 감사기도를 드렸다.

함경북도 기독교연맹

일단 집으로 돌아오긴 하였으나, 신창균 장로에게는 무슨 말로 사과를 해야 할 지 알 수 없었다. 이층 응접실에 몸을 눕히고 나니 머릿속이 흔들리는 배와 같이 소란스러웠다. 이대로는 도저히 몸을 움직이기 힘든 상태여서 그동안 목회를 맡고 있던 신광현 목사에게 좀 더 수고를 해달라고 부탁을 한 뒤, 장희석 집사의 집 이층으로 자리를 옮기어 좀 더 요양을 하기로 하였다.

그러던 중 감리사 이진구 씨의 통지를 통해 원산에 감리교 지방회가 발족하였음을 알게 되었다. 평양에서 열린 북중 감리교 연회에서 송정근(宋貞根) 씨가 회장이 되어 이진구(李鎭九) 감리사를 파견한 모양이었다. 그 결과 청진 지역의 우리 네 교회는 원산 지방회에 속하게 되었다.

소식을 듣자니 평양 남산현 예배당은 조선에서 가장 큰 예배당인데, 수 년 전에 소실되었던 것을 이번에 육십만 원의 예산으로 다시 증축을 한다고 하였다. 다시 교회가 부활할 수 있는 계기가 되리라 생각하니 주님께 더욱 감사할 따름이었다. 과거 내가 회개하고 세례를 받았던 서울의 상동예배당 역시 일본인들이 신사를 만들어놓고, 하나님 대신 일본귀신들을 믿게 하였었는데, 지금은 어떻게 되었는지 궁금하기도 하였다.

1946년 10월 19일, 원산지방회에서 출석 통지가 왔다. 김득수 씨는 원산교회 부흥회 인도를 위해 먼저 출발하였고, 나는 여러 곳의 당회가 있어 가지 못하고 대리로 한국보 목사를 보내기로 하였다.

한목사에게 여비를 넉넉히 주어 돌아오는 길에 성진(城津)에 들러 감리교 소식을 좀 알아 오라고 부탁하였으나, 들르지 않고 곧바로 어항으로 돌아가 버렸다.

11월 7일이 되자 감리사 이진구 씨가 청진지방 교회 순시를 위해 청진에 도착하였다. 이 감리사는 8일 주일 아침에 청진교회에서 설교를 한 뒤, 김길남 장로의 안수식을 거행하고, 이튿날인 9일에는 각 교회 연합구역회를 열고 회무를 처리하였다. 또한 나를 지방회에서 결의된 대로 청진 지교회장으로 선포하고, 교회를 설립한 공로를 표창하였다. 그러나 나는 표창을 받으려고 온 이곳에 온 것이 아니고, 다만 교회가 번창한다면 그것으로 만족하였기에 표창은 합당하지 못하다고 주장하였다.

더구나 당시 한국보 목사의 문제가 있어서 표창을 받기가 더욱 민망하였다. 청진교회에서 배척을 받아 어항교회에 가있던 한국보 목사의 생활비로는 매월 5천 원 이상이 필요한 상황이었는데, 이감리사가 부탁하기를 청진교회에서 매월 1천 원, 그리고 어항교회에서 매월 5백 원, 합이 1천5백 원을 4월까지 보조해 달라는 것이었다. 그리고 4월 이후에는 감리사 자신이 책임을 지고 한 목사를 데리고 가겠다고 했다. 당시로선 교회의 부담이 너무 큰 상황이었으나 결국 그대로 시행하기로 하였다.

그즈음 평양 군사령부에서 각 도 보안서와 교회에 훈시가 있었다. 7월 10일부로 발령된 훈시의 내용은 다음과 같았다.

〈보안서에〉

1. 시위행렬에 참, 불참하는 것은 인민의 자유이다. 불참하였다는 이유로 검거 및 구속하는 것은 부당하다.
2. 표어와 구호는 정해진 장소에만 게시하여 일반에게 주지시킬 것.
3. 보안서원이나 다른 어떠한 단체가 이유 없이 예배당에 표어나

구호를 붙이는 것은 부당하다.
4. 임의로 붙인 표어나 구호는 보안서원을 동원하여 전부 뜯을 것.
5. 예배당은 대여할 수 없고, 거절한다는 이유로 검색한다는 것은 부당하다. 허락 없이 예배당을 사용하지 못 한다.

〈기독교회에〉

1. 예배당에 붙인 표어를 이유 없이 신자가 뜯는 것은 부당하다.
2. 부착된 표어는 이유를 설명하고 보안서에 뜯어달라고 요구할 것. 이것이 이행되지 않을 시에는 평양 군사령부로 신고할 것. 양측이 충돌할 이유는 없음.

이 감리사는 군사령부 훈령이 내렸으니 내게 안심하고 전도하라고 하였다.

그 후에 함경북도를 중심으로 '민주당'이란 정당이 만들어졌는데 기독교인들이 다수 참가하였다. 함경북도 당수로는 장로교 목사 강석보 씨가 선출되었고, 간부들도 모두 기독교인들이었다. 나보고도 당에 참가하라고 권하는 사람들이 많았지만, 스스로 기독교계의 일에도 사람들과 안면이 없고 힘써 일한 경험이 없으니 입당자격이 없다고 하여 끝내 사양하였다.

그로부터 얼마 뒤에는 다시 최석준 씨가 와서 '신민당'이란 정당이 있다고 내게 입당을 권하였다. 그러나 역시 나이가 많은 것을 핑계로 거절하였더니, 그 후부터 상당히 주목받는 인물이 된 것 같았다. 그렇다고 주께서 원하시지 않는 그런 정당에 참가할 이유는 없었기 때문에 전도 이외의 일에는 일체 상관하지 않으리라고 결심하였다. 교회의 일은 유사부에 맡기고, 가정의 일은 집사람에게 맡기고, 다만 밥을 주면 먹고 옷을 주면 입을 뿐, 오직 전도에 힘쓸 뿐이었다.

한편 평양에서 북조선 기독교 총연맹[14]이 설립된 이후, 각 도에서도 연맹을 설립하게 되어 2월 둘째 주일에 장로교와 그 외의 각 교회를 망라한 교역회가 열렸다. 서부장로교회 내에서 교도연맹 결성대회를 열고 각 부서를 정하여 직원을 선정하였는데, 도위원장에는 강승수, 시위원장 박태주, 그리고 나를 도부위원장으로 정하고, 강성주 씨는 서기장으로 임명하였다는 것이었다. 나는 정당이나 모임에는 참여하지 않고 전도에만 전력을 다하기로 결심하고 있던 터라 사임하려고 하였으나, 이를 받아들여주지 않아 마음이 괴로웠다.

그후 함경북도 기독교연맹 사무로 인하여 청진교회 목사관에 모여 여러 번 협의를 한 일이 있었다. 그리하여 장로교의 김용복 목사와 강만복 목사, 장지헌 장로 등이 우리 목사관에 오게 되었다. 그들은 연맹사무가 끝난 뒤에도 우리 집을 자주 방문해줘서 매우 고맙게 생각하고 있었다.

그러던 중, 하루는 교회 제직들과 함께 이요한 군의 어머니 조정숙 씨의 잔치에 다녀오는데 최미상 양이 달려와서 "집에서 큰일이 났습니다. 어서 돌아가 보세요!" 하고 말하는 것이었다. 집에 돌아와 보니 김영복 목사, 강만복 목사, 장지헌 장로, 세 사람이 주인이 없음에도 불구하고 집에 들어와 싸움을 벌이고 있는 것이었다. 그들은 내 모습을 보자 우선 싸움을 멈췄으나 여전히 분에 찬 표정으로 격론을 멈추지 않았다.

이유를 알아보니, 장로교 노회에서 의정한 성경학원을 서부예배당에서 개학할 것과 김영복 목사를 서부교회의 목사로 추천한 것을 장지헌 장로가 반대한다는 이유로 강 목사가 몽둥이로 장 장로를 때리려고 한 것이었다.

---

14) 정확한 이름은 북조선기독교도련맹. 북한에 공산정권이 수립되면서 교회를 정부에 협력하도록 하기 위해 만든 단체. 김일성의 인척인 장로교 강량욱(康良煜) 목사가 위원장이었음. 이 단체에 가입하지 않은 인사들은 체포되거나 축출되었다. 지금은 조선그리스도교련맹이라는 이름으로 활동하고 있음.

"나 혼자서 그런 일을 결정할 수는 없으니, 교회 직원들과 협의한 후에 다시 의논하자는 것이었소. 그러니 양해하시오." 하고 장장로가 좋은 말로 용서를 구하였으나, 강 목사는 아직도 분이 가라앉지 않은 모습이었다. 장지헌 장로는 나이 육십의 노인이고, 강만복 목사는 이제 나이 서른의 젊은이이니 두 사람이 다시 싸우게 되면 장 장로가 다치게 될까 걱정이 되었다.

나는 강 목사를 붙잡고 "강만복 군은 목사가 아닌가? 어떻게 이런 짓을 하는가? 게다가 남의 교회 목사관에서 이게 할 일인가? 이 모습을 보면 주위의 불신자들이 뭐라고 생각하겠는가? 화를 참고 주님의 십자가를 생각하게." 하고 말하며 그를 달래었다. 그러면서 그가 뭔가 오해를 하여 혈기를 참지 못해 그랬거니 하고 생각하였다.

그런데 옆에 있던 김용복 목사가 도리어 장 장로에게 "강 목사는 아직 젊어서 혈기를 누르지 못해 그랬다 치더라도, 장 장로는 이미 알 만한 사람인데 왜 그렇게 반대를 하시오?" 하고 말하는 것을 보니 뭔가 흑막이 있는 것 같았다. 아마도 김 목사와 강목사가 서로 힘을 합하여 장 장로에게 자신들의 의견을 관철시키려고 하는 듯싶었다.

이를 보면서 나는 종교가 추락하였다는 생각이 들었다. 아직 수양이 부족하여 혈기를 부리는 젊은 목사에게 교회의 성직을 맡기려 한다는 것만 봐도 그렇다. 나는 그들을 좋은 말로 돌려보낸 뒤, 홀로 엎드려 기도를 드렸다. 반성의 기도였다. 예전에 최주경 장로와 안흥석 씨와의 일이 다시 떠올랐던 것이다.

"이 죄인 역시 혈기가 많사오니, 저를 죽여주십시오."

그 후에 들으니 장로교 제직회에서 당회장 김용복 목사의 승석을 허락하지 않아서, 다만 출석하여 자문격으로 있었고, 또 강만복 목사는 출석은 하였으나 발언권을 허락하지 않았다고 한다. 그리하여 사회자 없이 제직들이 모여 일전에 감리교 목사관에서 일어난 사건을 논의하였다는 것이다.

회의를 통해 제직들은 목회자의 싸움이나 격투 같은 야만적 행동을 일체 금지하기로 하는 한편, 장지헌 장로에게 해당 사건에 대해 자세히 이야기하라고 하였다. 그러나 강만복 목사가 자신의 잘못을 시인하지 않아서 결국 흐지부지 폐회되었다는 것이었다.

나는 그 이야기를 듣고 마음이 아팠다. 어떤 교회나 목회자이건 간에 스스로의 잘못을 회개하고 올바른 길로 돌아와야만 한다.

함경북도 기독교연맹이 설립된 후에 오랫동안 사무실을 정하지 못하고 있다가 임시로 소남리의 강정만 목사의 주택을 사무실로 삼게 되었다. 그 후 도청 교육부에서 연맹의 강령과 시책, 직원명부와 시·군·면 지회설립 계획서를 각 두 통씩 만들어 신속히 보고하라는 통지가 서부교회로 내려왔다. 그러나 서부교회에서 아무런 회답이 없자 나에게로 직접 사람을 보내 보고를 요청하였다.

아침 일찍 소남리의 연맹 사무실에 가서 강만승 씨를 만나 통지 서식을 전해주고 돌아오려는데 김용복 목사를 만났다. 짧게 인사를 하고 돌아서려는데 김 목사가 "일전에 이선규 씨가 찾아가서 무슨 말을 한 적이 있습니까?" 하고 물었다. 내가 "있습니다." 하고 말하자 김 목사는 다시 내게 일전에 있었던 강만복 목사와 장지헌 장로의 다툼에 대해 물었다. 그래서 나는 "서로 사과하고 헤어졌으니 괜찮습니다." 하고 대답하였다.

그러자 김 목사는 "강만복 목사가 징계도 받지 않으려 하고 도리어 적반하장(賊反荷杖)격으로 반항하니 참으로 한심한 일입니다." 하고 말하였다. 그러나 누가 누구의 잘못을 탓할 수 있겠는가? 김용복 목사가 강만복 목사를 두둔했던 일이 떠올라 마음이 답답할 뿐이었다.

하루는 중앙교회의 노문표 장로가 찾아와 기독교연맹 사무실 문제를 도와달라고 하였다. 기독교연맹에서 전 항공협회 사무실을 얻어 도청에 허락까지 받았으나, 항공협회에서 사무실을 내놓지 않고 있다는 것이었다. 노 장로와 함께 도청으로 가서 확인을 한 뒤, 다시 시청으로 향했다.

시청에는 사람이 많아 매우 혼잡하였다. 꽤 긴 시간을 기다린 끝에 담당자를 만나 이야기를 하니, 조금 전에 도청에서 전화가 왔었다고 했다. 담당자가 항공협회의 사무실을 새로 알아보겠다고 해서 노 장로와 함께 집으로 돌아왔다.

그 후 기독교연맹에서 사무실을 구할 때까지 연맹의 명패를 청진교회 교회당에 달아놓았으면 하고 부탁을 해왔다. 제직회 결과 새로 사무실을 구할 때까지 1개월간 명패를 달기로 결의를 하였다.

그러던 중 연맹 위원장 강만정 목사가 돌연 사표를 제출하여 김용복 목사가 대임(代任)을 맡았으나, 김용복 목사 역시 병으로 누워 있게 되어 연맹회의에 출석하지 못하였다. 보다 못해 연맹 서기장 강성주 목사가 김용복 목사를 찾아가 연맹 사무를 어떻게 할 것인가 물었으나 뚜렷한 답이 나오지 않았다.

명패는 이미 200원씩을 주고 두 개를 만들어 놓았으나, 명패에다 무엇이라고 써야 할지 또 인장을 어떻게 새길지 알 수 없는데다가 나 혼자 결정할 수도 없는 일이었다. 연맹 사무가 이렇게 어지러운 이유는 분명히는 알 수 없으나 장로교 노회 내에서 무슨 충돌이 있었던 모양이었다. 자세한 내용까지는 알 수 없으나 장로교 내부의 일에 기독교연맹까지 휘둘려 서로 충돌을 일으키고 있으니 한심한 일이 아닐 수 없었다.

연맹이 시끄러워지자 강성주 목사는 사표를 써놓고 서기장 자리를 사퇴할 의사를 밝혔다. 나 역시 도부위원장 자리를 사퇴하고 싶었으나, 강성주 군에 이어 나마저 사퇴하면 무슨 공모라도 한 것처럼 느껴질까 싶어서 일을 뒤로 미루기로 하였다.

얼마 뒤, 시(市)연맹 부위원장 노문표 장로가 찾아와 도 연맹 서기에는 노동직(노문표 장로의 아들), 시 연맹 서기에는 강모(강석복 목사의 아들)군을 정하는 것이 어떻겠냐고 묻기에 좋다고 대답하였다. 그러나 도위원장과 시위원장이 모두 회의에 출석하지 않아 사무부서를 지정해주지 못하니 어떻게 해야 좋을지 나나 노 장로로서도 알 수가 없었다. 나는 연맹의 사업이 물거품이 되지 않을까 실로 걱정이 되었다.

그 후 장로교 서부교회 목사관에서 도 위원회가 열렸다. 그 자리에서 강성주 목사가 사표를 내고 나도 사표를 내자 강석복 목사는 "이렇게 되면 조직개편이나 다름이 없으니 위원회 내부에서 처리할 수는 없고, 다음 일요일 오후 2시에 연맹 확대회의를 열고 처리합시다." 하고 말하였다.

그 다음주 3월 9일 오후 2시에 회의를 열었으나 위원장 강석복 목사는 불참하였고, 대신 부위원장인 내가 의장을 맞게 되었다. 그 자리에서 연맹이 결성된 지 2개월이 지나는 동안 아무런 성과가 없으므로 모든 도 연맹위원과 직원을 포함한 조직 전체의 개편이 필요하다는 제의가 나왔다. 그리하여 새 위원장에는 이정심 목사, 부위원장에는 강성주 목사가 정해졌고, 나는 위원직과 사무에서 완전히 해방되었으니 큰 짐을 벗은 듯 마음이 가벼워졌다.

간증

감옥에서 나온 후 몸이 점점 쇠약해지는 것을 느낀 나는 이진구 감리사에게 다른 목사나 부목사 한 분을 파송해 달라고 부탁하였다. 나같이 연로한 사람이 교회를 맡고 있다가 하루아침에 불행한 일을 당하면 교회에 적지 않은 영향이 있을 터이니 이를 미리 방지하자는 의도도 있었다.

이감리사는 나의 의견을 청진구역 제직들에게 물어보았으나 새로운 목사를 받아들이는 것은 절대로 안 된다고 하고, 부목사를 두는 것 역시 내년 예산을 보아 처리하자고 하여 가결되었다. 그리고 연합구역회 내에 개척전도사 한 명을 두기로 하였는데, 경비는 매월 1천 원을 예정하였다. 개척전도사로는 주을에 계신 김대일 장로를 선정하여 생기령에서 전도를 해달라고 부탁하기로 하였다. 문을 닫았던 생기령 교회를 다시 부흥시켜 보고자 했던 것이다.

개척전도에 따른 경비 1천 원은 우리 구역에서 부담하기로 하여, 청진에서 매월 4백 원, 경성에서 3백 원, 주을에서 2백 원, 어항에서 1백 원씩 부담하기로 확정되었다. 이로서 청진교회에서는 한국보 목사에게 보조하는 1천 원을 합하여 매월 외부 지출이 1천4백 원이나 되는 상황이니, 부목사를 두는 문제는 한국보 목사가 물러나는 4월까지는 다시 거론하지 않기로 하였다.

그로부터 얼마 뒤, 생기령의 김대일 장로로부터 편지가 왔다. 생기령에 자리를 잡은 이후 각지를 돌아다니며 전도한 결과 주을 부근 해분진(海粉津)에서는 초신자가 예닐곱 집 생기고, 생기령에서는 남녀 교우 36명이 예배를 드리고 있다고 하였다. 미신으로 인하여 문을 닫았던 교회가 다시 부흥하게 되었다니 참으로 감사할 일이었다.

나는 교회의 장래를 위하여 적임자만 있다면 지금이라도 내가 사퇴하고 그를 대임시킬 생각으로 적당한 인물을 사방으로 수소문하였다. 그러던 중 주을교회의 김득수 목사를 알아본 결과 김 목사가 없으면 교회가 유지되기 힘들다 하여 교인들이 반대하는 바람에 단념하였다. 주을교회나 청진교회나 모두 내가 관리하는 곳인데, 청진교회만을 생각할 수는 없는 일이었다.

김득수 목사를 제외하면 생각할 수 있는 사람은 한국보 목사뿐인데, 교인들이 원하지 않으니 그를 대임시킬 수도 없는 일이었다. 한 목사는 청진은 물론이고 어항에서까지 경제적인 문제를 거론하여 교인들에게 호감을 잃은 상황이었다.

목회자가 물질에 치중하면 복음의 사자가 될 수 없는 법이다. 지난 수십 년 동안의 나의 생활을 돌아보면 “먼저 그 나라와 그 의를 구하라. 그리하면 이 모든 것을 너희에게 더하시리라” 하신 말씀이 절로 마음에 와 닿는다.

그 동안 나의 생활에는 전혀 예산이 없었다. 금년 9월까지도 봉급이라고는 2백 원밖에 없었으니, 백미 한 되 값이 8백 원인데, 한 말 값도 안 되는 봉급을 가지고 어떻게 살아왔는지 나도 모르고 아내도 모를 일이다. 쌀이 없을 때는 누군가 쌀을 가져다주었고, 반찬이 없을 때에는 반찬을 가져다주었다.

엘리야가 까마귀가 가져다주는 떡을 먹고 살았으니, 우리 집에 누가 까마귀를 보내었는가? 나는 몰라도 하나님은 아신다. 그렇다고 이것이 내 스스로의 믿음은 아니오, 모두 하나님께서 나를 궁지에 빠뜨리시고 시험하시어 믿음을 단련시켜 주셨으니 감사할 따름이다. 우리는 곤란을 참고 믿음으로 이겨내야 한다. 나뿐만 아니라 우리 조선사람 모두가 그러해야 한다.

어항의 장로 황종우 군은 유지(油脂)회사에서 십여 년 동안 근무하면서 청렴하고 정직하기로 유명하여, 그 주위 사람들이 모두 기독교를 반대하여도 황 군에게는 반대하지 못하였다. 심지어 일본인들까지도 그를 존경하여 화학기계 연구로 도쿄에 적임자 한 명을 파견할 때 황군을 택하여 보내었다. 황종우 군은 일 년여 동안 연구를 마치고 조선으로 돌아왔다.

해방 후에도 자신의 연구한 바를 세상에 발표하여, 먼저 제혁회사를 설립하고, 또 침소미제조(沈小米製造)회사도 설립하였다. 바다에 일 년간 침수되어 거의 썩은 쌀을 다시 백미로 만들어 도청 배급용으로 상납하고, 또 성냥 만드는 법을 개발하여 청진에도 작은 회사가 있었다. 장차 원산에도 회사를 설립하기 위해 이사를 가게 되었는데, 그가 원산으로 가버리면 어항교회가 흔들릴까 걱정되었다. 내 걱정을 들은 황 군은 원산으로 이사한 뒤에도 어항교회의 전도사 봉급을 얼마간 담당하겠다고 하였다. 참으로 고마운 일이 아닐 수 없었다.

한국보 목사는 금년 12월부터 매월 봉급 1천5백 원을 받으며 이 감리사의 연락을 기다리고 있는 중이다. 웬만하면 어항교회에 그냥 있었으면 했으나, 교인들의 반감으로 그를 붙잡아둘 수 있는 상황이 못 되었다. 어느 교회에는 목사가 있어 즐겁지만, 어느 교회에는 목사가 있어도 골칫거리가 되니 목사가 되기란 이리도 어려운 일이다. 내 스스로도 40년간의 교역 중 혹시 골칫거리가 된 일은 없었는가 반성해보았다. 또 한편으론 주님의 용서와 자비가 더욱 감사할 따름이었다.

주을교회는 김득수 목사를 높이 받들어 청진으로 데려오지 못하고, 경성교회는 목사 없이 영적인 목마름이 심하여 목사를 기다리는 상황이다. 교회를 맡아줄 합당한 목사를 기다리며 주님께 기도드릴 따름이다.

1947년 1월 27일부터 2월 2일까지 강성주 목사의 인도로 청진교회에서 부흥회가 있었다. 강 목사는 강매 씨의 아들이다. 강매(姜邁)씨는 나와 절친한 교우(校友)로, 배재학당에서 20여 년간 같이 일하였다. 그 후에 강매 씨는 간도지방의 용정에서 서촌여자학교를 경영하다가 불행하게도 그곳에서 최후를 마치었다. 강매 씨는 조선의 대 시인인 대산 선생의 자손이고, 그의 집안은 우리 집과는 뜻을 같이 하는 집안이며, 또 강매 씨 자신은 조선의 문학가로 이름 높던 선생이었다.

그의 아들 강성주군은 일찍이 도쿄에 가서 공부를 하던 중, 가정문제로 세상을 비관하고 자살까지 하려다가 어느 은인에게 구조되어 성결교회의 신학을 공부하게 되었다. 그 전에는 고등사범학교에서 영문학을 전공하였으나 졸업하지 못하고, 어느 일본교회에서 십여 년 동안 시무하던 중, 자신의 가정문제를 해결하지 못하여 고민하다가 하루는 하나님의 책망을 받아 불현듯 깨달음을 얻게 되었다. 그는 8.15해방 전에 귀국하여 부인 남 씨를 맞아 동거하며 이전에 박대하던 잘못을 회개하고 귀한 아들까지 얻게 되었다.

강성주 군은 자신의 은혜 받은 바를 간증하며 여러 곳에서 부흥회를 인도하였는데, 가는 곳마다 주의 은혜가 풍성하였다. 간도의 용정교회와 연길교회에서 시무하였고, 그 후에 훈춘교회에서 시무하다가 해방 후에는 그곳을 떠나 지금 동해안의 장로교회에서 시무중이었는데, 이렇게 만나게 되니 반갑기 그지없었다. 성주군의 경력을 들으니 다시 강매 씨에 대한 생각이 떠올라 눈물을 금치 못하였다.

부흥회를 하는 일주일 동안 교회에는 은혜가 풍성하였다. 교우들 중에서도 특히 장희석 집사가 은혜를 많이 받았다고 하였다.

장 집사는 해방 후에 고향인 전라북도 구례로 가려고 집안 물품들을 모두 팔고 현금 8천 원을 장만하였다. 그 돈으로 기차표를 사서 출발하려던 중, 돌연 그의 부인 홍영이 씨가 병이 나서 하는 수 없이 출발을 연기하였다. 그 뒤 1개월 동안 아내의 병이 낫기를 기다려서 다시 기차표를 샀으나, 다시 어린 자식이 병이 나서 위험하게 되었다. 이 때문에 다시 출발을 연기하고 열흘을 기다린 후, 어느 사람의 소개로 기차편 대신 배편을 구해가지고 동해안에서 배를 탔다. 그러나 이번에도 태풍을 만나 배가 가지 못하고 청진항구에 정박하였다. 어쩔 수 없이 또 출발이 연기되자, 장 집사 부부는 이것이 하나님께서 하시는 일이다 생각하고 기도를 드린 뒤 귀향을 단념하였다.

장 집사 부부는 청진으로 돌아온 뒤 다시 제과점을 운영하기 시작하였는데, 영업이 무척 잘 되어 불과 사오 개월 만에 예전에 팔았던 세간을 다시 다 장만하고, 집까지 새로 사게 되었다. 그리고 차차 생활에 축복을 받아 물가가 나날이 오르는 와중에도 아무 염려 없이 살게 되고, 금년에 새로이 아들까지 얻으니 주의 은혜가 아닐 수 없다.

장 집사 부부는 매월 십일조로 8백 원씩을 헌금하는데, 오히려 더 많이 내지 못함을 안타깝게 생각한다. 이번 부흥회 기간 동안에도 제과점 영업을 중단하고 부부가 모두 출석하였다.

이진구 감리사에게서 서신이 도착했다. 한국보 목사가 원산지방 고성(高城)구역으로 파송되었다는 소식이었다. 나는 한 목사를 위하여 기도하기를 "한 목사가 그곳에 가서 오랫동안 시무하여 주님의 상급을 받도록 하소서" 하였다.

그러던 중 다시 이 감리사로부터 편지가 도착했다. 한국보 목사의 고성 파송이 중지되었다는 것이었다. 그곳 교회에서 담임자의 생활비를 감당할 수 없다는 통지를 해왔다는 것이다. 한 목사의 일이 도처에서 장애가 많은 것을 보고, 나는 스스로 반성하며 그를 위하여 기도를 드렸다.

비슷한 시기에 만주교회에 있던 김인석 목사가 청진으로 오게 되었다. 그는 이곳에 오기 전 도적들에게 소지품과 의복, 이불 등을 모두 빼앗기고 빈털터리가 되었고 했다. 김 목사는 먼저 만주를 빠져나오고, 부인은 아이들과 함께 뒤에 남아서 친구에게 여비로 만주돈 6백 원을 빌려 나오는데, 그마저도 도적들이 빼앗아 가려고 했다는 것이다. 다행히도 아이들이 울음을 터뜨리자 도적들도 양심이 있었는지 다시 돈을 돌려주어서 무사히 만주를 빠져나올 수 있었다고 했다.

김인석 목사는 일찍이 성결교회신학을 공부하고, 다시 동경에 가서 오사카감리교신학을 공부한 뒤 귀국하여 만주의 감리교회들을 도와 전도를 하였다. 그러다가 정춘수 감독의 안수로 목사가 되어 목단강, 명월구, 영안 등지의 교회에서 시무하였다고 한다. 그의 설교는 힘이 있고, 또 독학을 한 사람이어서 어지간한 시련도 충분히 견딜만해 보여서 이진구 감리사에게 편지를 보내는 한편, 직원회에 추천하여 4월에 정식 부임하기로 내정하였다.

청진교회의 목회자를 내정하고 나니 어항교회의 한국보 목사도 그곳에 그대로 머물렀으면 하는 생각이 들었다. 그러나 그는 “백미 한 되에 팔백 원인 상황에 어린 자식이 넷이나 있으니 어찌하겠습니까?” 하는 것이었다. 그의 봉급은 나와 똑같이 천오백 원인데, 먹여 살려야 할 가족이 많으니 살아갈 길이 막막하다는 것이었다. 그렇다고 교우들에게 한 목사의 생활비를 더 떠맡기기도 힘든 상황이었다.

동아기독교[15]의 목사들은 교회에서 생활비를 받지 않고 스스로 생업에 종사하면서 교회 일을 겸무하고 있다. 감리교회의 제도도 그렇게 만들면 어떨까 하고 생각해 보았다. 하지만 현재의 나는 교회를 떠나면 전혀 생활비가 없는데다가 교회의 예산 또한 없어 정해진 생활비도 거의 받지 못하고 있는 형편이다. 그러니 그저 주님의 뜻대로 처분해 주시길 믿고 기다릴 따름이다.

그해(1947년) 2월 23일, 저녁예배 후에 청진교회 제직회를 열게 되었다. 제직회가 시작되기 전, 제직들이 내게 자리를 좀 비켜달라

15) 침례교의 전신

고 부탁하여 자리를 비켜주었다. 김길남 장로의 사회로 장시간 협의 끝에 3월 안으로 나를 은퇴시키기로 결정하였고, 후임목사는 김인석 목사, 이인선 목사, 김득수 목사 세 분 중에서 초빙하는 것으로 결정되었다.

후임 목사의 생활비로는 매월 육천 원을 지급하기로 결정하였고, 예산을 점차 늘려나가기로 하였다. 그 덕분에 나는 목회로부터 자유롭게 되어 경성, 주을, 어항을 내 뜻대로 다니며 전도를 할 수 있게 되었으니 감사할 일이 아닐 수 없었다.

1947년 3월 2일, 예배 후에 청진교회 유사부 보고가 있었다.

"작년에 교회에서 지급한 목사생활비 총액은 팔천 원이 전부였습니다. 지금까지는 목사님 내외분께서 스스로의 생활비를 절약하여 교회를 살찌우셨지만, 정작 목사님 댁의 생활은 빈곤하였습니다. 게다가 이번에 새로운 목사님을 초빙하게 되었으니, 이전처럼 생활비를 절약할 수도 없는 상황입니다. 적어도 매월 육천 원의 예산이 필요하지만 교회의 월수입은 오천 원 가량에 불과합니다. 부족한 일천 원은 우리 교우들이 부담해야 되겠습니다."

유사부 광고가 끝나고 나자 즉석에서 돈을 부담하겠다고 지원하는 사람들이 있었다. 이 사람들에게 매월 몇 십 원씩의 돈을 부담을 시키기로 결정되었다.

나는 아내에게 "교회를 떠나고 나면 생활비가 더욱 줄어들 텐데, 어떻게 하면 좋겠소?" 하고 물었다. 그러자 아내는 "염려 마세요. 이때까지 살아온 경험으로 보아 하나님께서 우리를 앞으로도 도와주실 것인데, 무슨 염려가 있겠어요?" 하고 대답했다. 나는 처음으로 아내에게 훌륭한 위로의 말을 들은 셈이었다. '아내 숙자만 안심한다면 무슨 걱정이 있겠는가?' 하고 생각하며 나는 하나님께 감사의 기도를 드렸다.

그 후, 목사인 내가 장사를 할 수도 없는 상황이어서 아내가 심방하고 남은 시간에 삯바느질을 하거나 세탁, 다듬이질 같은 것을 해주고 사례를 받아 생활을 꾸려나가기 시작했다. 집에 있는 물건들을 하나하나 팔고, 옷과 의장(衣欌)도 모두 팔았다. 이렇게 계속 팔다 보니 집에 남는 것이 하나도 없고, 옷장도 텅 비게 되었다.

이런 곤란한 와중에 아내가 치통 때문에 치과병원에 다니게 되었다. 치료를 하려면 3천 원이 든다고 했다. 갑자기 3천 원을 구할 생각을 하니 어떻게 해야 할지 막막하였다. 하지만 상한 치아를 치료하지 않으면 소화불량으로 건강이 악화되지나 않을까 걱정이 되어 어디선가 돈을 빌려 보기로 결심하였다.

내 경험으로 미루어보면 치통은 모든 병의 근원이었다. 치통으로 음식물을 잘 씹지 못하게 되면 소화불량이 생기고, 소화불량이 생기면 머리가 아프고, 머리가 아프면 신경쇠약이 발생하고, 또 여러 가지 병들이 계속해서 생기게 된다. 치통이 가볍게 볼 병이 아니라는 사실을 잘 알고 있었기에 아내에게 날마다 병원에 가라고 권하였다.

청진교회 제직회에서 김인석 목사를 담임목사로 모셔오는 것으로 정해졌으나, 김 목사가 요구하는 생활비가 과다한 관계로 교회에서 주저하고 있는 사이, 회령고아원에서 김 목사를 먼저 모셔가 버렸다. 사람을 쓰려면 항상 금전적 문제가 따르는데다가, 유력자에게 빼앗기는 일도 많은 법이다.

그래서 나는 주을교회의 김득수 목사에게 청진교회를 맡아달라고 편지를 보내기로 하였다. 그러나 그 편지는 김 목사가 원산에 출장을 간 사이에 도착하였다. 김목사 대신 편지를 받아 본 김태옥 장로는 뭐라 답장을 보낼 수가 없어서 대신 사위 최창범 군을 내게 보내 사정을 설명하였다.

김 장로는 사위 최 군을 통해 말하길 “김득수 목사는 주을교회에서의 생활비 부족에도 불구하고 떠나지 않으시고, 교회가 부흥될 때까지 계시기로 하셨으니 청진교회로 모셔가는 것은 단념해 주십시오.” 하는 것이었다. 또한 김 목사가 주을에서 민주당원으로 있어 매월 4천 원 상당의 쌀을 배급받고 있으니, 청진교회로 옮기게 되면 그만큼 손해가 된다는 이야기도 덧붙였다. 더불어 김득수 목사의 사정을 잘 알고 있는 이춘식 장로도 와서 내게 설명을 했기 때문에 나는 단념할 수밖에 없었다.

상황이 이렇게 되고 보니 청진교회로 올 수 있는 목사는 한 사람도 없는 셈이었다. 하지만 내가 계속 청진교회를 맡고 있을 수는 없는 지라 다시 김길남 장로에게 부탁하여 훈춘에 있는 이인선 목사를 찾아보고 귀국할 의향이 있는지 물어봐 달라고 부탁하였다. 김 장로는 관북대학 기성회 사업부장으로 있으면서 훈춘탄광과 계약을 맺어 석탄을 구입하면서 자주 훈춘을 드나들고 있었다. 그런 김 장로 덕분에 금년엔 여러 교회들이 연료부족 없이 따뜻한 겨울을 보낼 수 있었다.

김길남 장로는 훈춘으로 떠나기 전 나를 찾아와 "이인선 목사가 오면 목사님의 생활비는 어떻게 합니까?" 하고 물었다. 그래서 나는 "내 생활을 생각하면 언제까지나 이 문제를 해결하기 어려우니, 내 생활문제는 생각하지 말고 담임목사를 구하십시오." 하고 이야기하였다.

김 장로는 내 생활형편을 잘 알고 있었기에 이 목사를 담임목사로 모셔오는 일에 대해 매우 조심스러운 눈치였다. 더구나 그는 제직회를 열어 새 담임목사 초빙을 결의한 일 때문에 속장부인들 사이에 "김 장로가 노목사님을 내보내려고 한다."는 의심까지 받고 있었다. 한번은 속장부인들이 김 장로의 부인인 박복녀 씨를 찾아가 이 일에 대해 물은 적도 있었다. 그렇기 때문에 김 장로는 미리 이야기가 되었음에도 불구하고 다시 한 번 나에게 양해를 구하는 것이었다. 나는 염려하지 말라고 재차 부탁하면서 이인선 목사를 반드시 모셔왔으면 좋겠다고 말하였다.

3월 중순 쯤 김인석 목사로부터 편지가 도착했다. 회령고아원에 취직하였던 그는 고아원 안에서 목사를 두자고 하는 사람들과 두지 말자고 하는 사람들 사이에 싸움이 있어 사임을 하고 평양이나 신의주로 전도여행을 떠나려던 중, 마침 회령읍 장로교에서 청원이 있어 그 교회의 담임목사가 되었다고 했다. 나는 그 편지를 보고 우리 교회에서 좋은 목사를 잃게 된 것을 후회하였다. 그래서 직원회에 담임목사 선택 권한을 내게 위임할 것을 청원하니 흔쾌히 승낙하였다.

나는 삼상봉(上三峰) 장로교회에 있는 신영옥 목사와 도문에 있는 최세환 목사, 그리고 남양(南陽)에 있는 유득신(劉得信) 목사에게 청진교회의 담임목사로 와줄 수 있는지 묻는 편지를 보내었다. 그리고 세 분 목사들 중 어느 한 분이라도 승낙하게 해달라고 기도를 드렸다.

그러던 중 훈춘감리교회에 있다가 청진으로 온 김승계 장로를 만나 그의 이야기를 듣게 되었다.

해방직후 김 장로는 만주를 벗어나 청진으로 오기 위해 훈춘에 있던 자신의 집과 재산을 모두 팔았다. 그리고 옷과 귀중품들을 담은 대여섯 개의 짐 보따리를 전에 자신의 가게에서 일하던 사람에게 맡겨 운송을 부탁했다. 그런데 청진에 와서 보니 짐 속에는 다른 물건들이 들어있고 이십여 만원 어치의 물건들이 사라진 상태였다.

하지만 김 장로는 가진 돈을 모두 잃어버렸음에도 "이 또한 하나님의 채찍이라고 생각하고 달게 받겠습니다." 하고 생각하였다는 것이다. 그리고 덧붙여 말하길 "제가 다니던 훈춘교회의 이인선 목사가 경흥장로교회의 담임목사로 옮겨간 뒤, 사실상 제가 교회를 맡게 되었습니다. 그런데 이번에 교회를 버리고 도망쳐 나오게 되었으니 양심의 가책이 되었습니다. 마침 그러던 중에 이런 봉변을 당하게 되었으니, 이번 일은 하나님의 꾸지람이라고 생각하지 않을 수 없습니다." 라고 하였다.

이 말을 듣고 보니 나 스스로 반성하는 마음이 생기게 되었다. 청진교회를 맡을 적임자가 아무도 없는데 내 스스로가 노쇠하였다고 하여 교회를 버리고 떠날 수는 없는 일이었다.

그리하여 청진교회의 담임목사 문제를 두고 다시 고민하던 중, 유득신 목사가 나를 찾아왔다. 수십 년 만에 만난 유득신 목사는 중학생 시절의 얼굴이 하나도 남아있지 않았다. 많이 변한 얼굴로 인해 알아보지 못하다가 자세히 뜯어보고 나서야 그가 유득신 군이라는 사실을 알게 되었다.

유득신 목사는 그동안 두문교회의 담임목사로 있다가 해방 이후 생활이 어려워져 장사를 시작하였다고 했다. 교회의 목사직은 무보수로 겸임하다가 형편상 그것마저 사임하지 않을 수 없게 되어 어느 장로에게 위임하고, 자신은 남양[16]으로 건너와 다시 장사를 하다가 이곳으로 이사를 오게 되었다는 것이었다.

나는 그 이야기를 듣고는 그에게 청진교회를 1년 정도만 맡아달라고 부탁을 하였다. 그 이후에 병이 회복되면 내가 다시 교회를 맡던가, 아니면 다른 목사를 파송해 달라고 할 터이니 그때까지만 맡아달라고 한 것이다. 유 목사는 내 부탁을 듣고는 "다시 교회를 맡는 것은 부인이 원치 않습니다." 하고 거절하다가 청진교회의 제직들이 몰려와 부탁을 하자 어쩔 수 없이 승낙하고 말았다.

유득신 목사는 과거 배재학당을 졸업하고 3.1운동에 참가하였다가 검거되어 징역 10년의 선고를 받았다. 그 후 특별사면으로 풀려난 그는 신학을 공부하여 목사가 되었고, 만주 각처의 교회를 돌아다니며 여러 곳에서 전도활동을 하였다.

나는 유득신 목사를 볼 때마다 30년 전의 일이 떠오르곤 한다. 내가 가는귀를 먹어 잘 듣지 못하게 된 것은 당시 일본인들의 무자비한 손길에 얻어맞아 두 귀의 고막이 터졌기 때문이고, 둘째아들 택영이 신경쇠약에 걸린 것 역시 일본인들이 거꾸로 매달아 코와 귀에 냉수를 들이붓고 뇌신경을 함부로 건드렸기 때문이다. 유 군 역시 독립운동에 참가하였다가 감옥에서 고생을 하였으니 그를 보면 자연히 그때의 사건들이 떠오르는 것이다.

---

16) 함경북도 온성군에 있는 지방으로 간도로 들어가는 요지

1947년 4월 27일, 유득신 목사에게 청진교회 담임목사직을 위임하는 예배를 드렸다. 그리고 얼마 지나지 않아 어항교회의 한국보 목사가 평양으로 가기로 했다는 소식을 듣게 되었다. 나는 원산에 있는 이진구 감리사에게 유 목사를 소개하는 편지를 보내고, 주을 교회의 김득신 목사와 경성의 신종악 장로에게도 보내었다.

그동안 목회 적임자를 찾지 못해 고민하다가 주께서 유득신 목사를 보내주셔서 이렇게 위임예배까지 드리고 보니 하나님의 뜻은 참으로 헤아리기 어렵다는 생각이 들었다. 유 목사의 취임에 청진교회 직원들은 모두 하나님께 감사의 기도를 드렸다.

유득신 목사가 청진교회의 담임목사로 취임하고 난 뒤, 그의 가족 다섯 명을 더 이상 여관에 머물게 할 수 없어 목사관에서 함께 살게 되었다. 우리 부부는 작은 방으로 옮겨가고, 유목사의 가족에게는 큰 방을 내주었다.

처음에는 김길남 장로의 집에 있는 작은 방이나 장희석 집사의 집 이층으로 거처를 옮길까도 생각하였으나, 유 목사 부부의 권유로 목사관에 함께 머물게 되었다. 특히 유 목사의 부인은 "노목사님은 우리 부모님과 같으신 분이시니, 한 집에 모시고 사는 것이 옳습니다." 라고 말하며 우리에게 함께 머물기를 권하였는데, 유목사 부부의 배려와 사랑에 감사하지 않을 수 없었다.

그로부터 얼마 후, 평양으로 떠났던 한국보 목사와 그의 가족들 중 한 목사의 딸 무옥이가 별안간 청진으로 돌아왔다. 그녀의 말에 따르면 한 목사와 가족들은 4월 28일 아침에 급행열차를 타고 평양으로 가고 있었는데, 성진역에서 성진 보안서원들이 한 목사를 하차시켜 데리고 갔다는 것이었다.

무옥 양이 보안서에 "우리 가족들은 청진에서 먹고 살 수 없어 사리원에 있는 친척집을 찾아가는데, 남은 소지금은 몇 백 원 뿐입니다. 당신들이 우리 생활을 책임질 수 있습니까?" 하는 내용의 항의서를 제출하였으나 소용이 없었다. 보안서원들은 그녀를 포함한 가족들을 청진으로 돌려보내고 평양으로 부쳤던 화물 역시 다시 청진으로 돌려보내 어쩔 수 없이 돌아오게 되었다는 것이었다.

점점 다른 지역으로의 여행이나 이사가 점점 더 어려워지고, 부모자식간이나 형제간에도 남북으로 나뉘어 볼 수 없게 되었으니 참으로 답답한 일이다. 서로 간에 막힌 장벽을 허물기 위해 하나님께 기도를 드렸다.

경성교회는 청진지방의 교회들 중 가장 안정된 교회였으나, 8.15 해방 이후부터 조금씩 흔들리기 시작하였다. 신종악 장로의 둘째아들인 신동철 군이 해방 초 유명인사 다수가 주을보안서에 검거된 사건의 배후로 지목받고 있었던 것이다. 그 후 검거되었던 사람들은 모두 석방되었으나, 신동철 군의 밀고 혐의로 인하여 교회 역시 지탄을 받게 되었다. 뿐만 아니라 근본주의자인 신동철 군은 회개하지 않으니 아버지의 전도가 무력하다는 것을 웅변으로 증명하고 있다. 신 장로가 별세한 후에는 누가 교회를 돌볼지 염려되었다.

그런 중에 교회직원 중 가장 영향력이 있던 마루기 집사가 교회를 나가 장로교에 다니게 되니 교세가 더욱 기울게 되었다. 게다가 신 장로는 믿음이 없고 자만심이 많다는 것이 많은 사람들의 이야기였다. 교회 재정을 다른 사람에게 맡길 수 없다 하여 혼자 일을 맡아 5년 동안 모으기만 한 것이 1만여 원이라고 감리사 앞에 보고한 것이며, 이 외에도 전도며 주일학교, 문부유사, 재정유사까지도 모두 자기가 맡아보려 한다는 것이었다.

나는 신 장로에게 부탁하여 내년에는 재정유사와 문부유사에 각각 직원들을 새로 정하는 것이 어떻겠냐고 제의하였다. 이에 신 장로는 재정 부문은 자신이 맡고, 문부는 다른 교우들에게 맡기겠다고 하였으나, 맡을 사람이 없다고 스스로 주장하여 어쩔 도리가 없었다.

하루는 아내 숙자와 마주 앉아 이야기를 하던 끝에 숙자가 자신의 간증을 털어놓았다. 그동안 나는 숙자의 고생을 생각하며 종종 동정의 눈물을 흘렸기에, 또 무슨 고생의 이야기인가 생각하며 듣기로 하였다.

우리가 도살장 근처에 살 무렵, 식수가 없어서 십 리 밖에 있는 물을 길어다 써야 했다. 그 당시 진승준 속장이 하루 한 번씩 물을 길어다 주었는데, 진 속장은 그 후 교회의 분란이 있을 때에도 항상 목사를 옹호했다는 것이다. 이곳에 온 뒤, 청진교회에서의 생활이 가장 우여곡절이 많았는데, 그렇기에 진승준 속장의 일을 더욱 잊을 수 없다고 했다.

진 속장은 본래 황해도 해주 출신으로 박성녀 속장과 함께 청진에 와서 전도를 하고 있었다. 그러던 중 진 속장이 돈이 떨어져 박 속장에게 돈을 2원만 좀 빌려달라고 부탁을 하게 되었다. 그러나 박 속장은 수중에 천 원 가까운 돈을 가지고 있었음에도 매정하게 거절을 했다고 한다.

며칠 동안을 굶으며 생활하던 진 속장은 결국 고아원장 안흥석 씨에게 돈 2원을 빌려 노점상을 시작하게 되었다. 그렇게 시작한 장사가 점차 번창하여 빌린 돈을 갚고도 남게 되었다. 그리고 장사를 하던 중에 아내 숙자와도 알게 되었는데, 그때부터 아내는 진 속장과 깊은 인연을 맺게 되었다고 했다.

우리가 청진에 있는 동안 도와준 것은 물론이고, 그 후 경성에 가 있을 때엔 주을교회의 전도부인으로 있으면서 전도에 많은 도움을 주었고, 다시 어항으로 옮겨갔을 때엔 함께 어항으로 와 같이 생활을 하였다.

그때 우리의 생활은 말도 못할 정도로 가난하여 매월 15원을 가지고 생활할 때였다. 당시 나는 우리가 어떻게 생활하고 있는지 전혀 모르고 있었다. 알고 보니 아내 숙자와 진 속장은 그동안 깨끼저고리[17]를 만들어 팔거나 잡다한 물건들을 팔기도 하면서 장사를 해서 생활을 꾸려나갔던 것이다. 더구나 진 속장은 만주까지 다니

---

17) 안팎 솔기를 사(紗)따위로, 곱솔(박음 질로 옷을 지을 때 한 번 지어서 박은 뒤 다시 접어서 박는 것)로 박아 지은 저고리

면서 장사를 하여 우리 생활을 도와주었다고 한다. 정말 미안하고도 고마운 일이 아닐 수 없었다.

그 후로 우리가 청진으로 이사한 뒤에는 어항에서 전도를 하면서 종종 청진에 와서 교우심방을 도와주기도 하였다. 해방이 되면서 교우들이 뿔뿔이 흩어진 뒤에도 진 속장만은 홀로 교회를 지켰다. 포탄이 비 오듯 쏟아지는 중에도 엎드려 기도를 드렸다는 것이다. 그녀의 기도가 이루어져 이렇게 다시 만나게 되고 보니 감사의 눈물이 쏟아졌다는 것이 아내의 말이었다.

작년(1946년) 10월, 진승준 속장은 딸 김성일의 결혼소식을 듣고 해주로 떠났다. 결혼식 후에 다시 돌아오겠다고 했으나 아직까지 소식이 없어 궁금하던 차에 박성녀 속장에게 안부를 물으니 오는 길에 검문이 심하여 돌아오기 어려울 것 같다고 하였다. 그러나 우리는 물론이고 어항교회에서도 진 속장을 계속해서 기다리고 있는 중이다. 현재 어항교회에서는 진 속장 대신 최소선 씨와 나 씨가 심방전도를 하고 있다.

나는 아내에게 무슨 위로의 말을 해야 할까 생각하다가, '자식들이 없으니 내가 떠나고 나면 매우 외로울 테지.' 하는 생각이 들었다. 결국 믿음의 말로 위로하기로 하였다.

"연로한 남편보다 주님이 계시고, 자식들보다 여러 교우들이 있지 않소? 멀리 있는 자식과 손자들을 생각한들 무슨 소용이 있겠소? 같이 엎드려 기도드립시다."

청진교회의 교우였던 백채순 씨가 고향인 길주로 이사를 가게 되었다. 그녀의 남편 허운 씨는 길주의 명문가 출신이었다. 그들 부부가 이사 가는 동네는 길주(吉州)의 탑양동(塔陽洞)이라고 하는데, 집이 약 200호 정도 있다고 하였다. 그래서 "그곳에 교회를 설립하고 전도를 하는 것이 어떻겠습니까?" 하고 권유하였으나, 남편인 허운 씨가 아직 신앙이 없어서 그럴 의사가 없다고 밝히었다.

길주는 나의 선조인 길주공[18]이 사시던 곳이어서 그곳에 교회가 있으면 겸사겸사 한 번 찾아가 보고 싶었다. 또한 이번 해방 때 길주가 소련비행기들의 폭격으로 많은 피해를 입었다는 이야기도 들어서 한편으론 상황이 어떠한지 궁금하기도 하였다.

해방 직전, 소련비행기가 길주 상공을 통과할 때마다 일본인들이 사격을 해댄 것이 폭격을 받은 원인이었다. 더구나 일본인들은 소련군이 조선인들에게 폭격을 피해 대피하라고 경고한 사실을 숨기고 오히려 폭격 당일 쌀을 배급해 주겠다고 광고하였다. 오랫동안 굶주린 조선인들은 이런 사정을 모르고 쌀을 받으러 길주로 모여들었다가 소련비행기의 무차별 폭격에 수많은 사람들이 희생되었던 것이다.

만주 길림에서 전도하던 변성옥(邊成玉)[19] 목사의 부인 문신실 씨가 청진교회에 와서 자신의 삶을 간증한 일이 있었다. 문 씨는 우리 딸과 동창생이며[20] 매우 활달하고 모험심이 많은 여자다. 그녀의 남편인 변 목사는 미국의 신학교를 졸업하여 영문학과 신학에 조예가 있는 사람인데, 조선 종교계에 불평불만이 많은 것을 싫어하여 만주로 가서 전도를 시작하였다.

양주삼 총리사 시대(1930년대)에 길림에 온 변 목사는 현성원(玄聖元) 목사와 함께 여러 곳에 교회를 세우고 전도에 힘썼다. 그러나 무슨 이유에선지 양주삼 총리사가 변 목사와 현 목사의 하는 일을 탐탁지 않게 여겨 지원을 하지 않음으로써 점차 일이 어려워지기 시작했다.

한번은 현성원 목사가 교회를 신축하려는데 공사비가 부족해서 벽만 세우고 지붕은 덮지 못한 채 공사가 중단된 일이 있었다. 모자라는 공사비를 감리교 본부에 요청해 보았지만 거절을 당하고 말

---

18) 김억지(金億之. 청품김씨 판공상시사공파 7대손, 1400년 초). 길주목사를 역임.

19) 변성옥 목사(1892-1950)는 감리교목사로, 협성신학교(현 감리교신학대학) 교수를 지냈고, 만주에 가서 조선기독교회를 창설했음.

20) 감리교 협성여자신학교를 말함. 협성여자신학교는 1921에 설립된 한국 최초의 여자신학교로, 1925년에 감리교 협성신학교와 통합하였음.

았던 것이다. 하는 수 없이 현 목사는 지붕도 없는 교회당에 들어가 밤새도록 기도를 드렸다. 그러자 날이 샐 무렵 중국교회의 어떤 목사가 건축비에 보태어 쓰라고 금화 300원을 가지고 왔다는 것이다. 현 목사는 중국인 목사가 가져다 준 돈에 다른 곳에서 들어온 돈을 조금 더 보태가지고 교회를 완공할 수 있었다.

그 후로도 계속해서 문제가 발생하자 변 목사는 감리교 본부와 관계를 끊고 만주기독교회를 설립하였다. 변 목사의 교회가 관할에서 벗어나자 감리교 본부에선 교인들에게 교회를 비워두고 다른 곳에서 예배를 드리라고 명령하였다. 그러나 교인들은 계속해서 변성옥 목사를 따랐고, 변 목사는 이후 만주에 신학교를 설립하여 수십 곳의 교회들을 부흥시켰다.

그러던 중 세계대전이 일어나자 일본인들은 변 목사를 미국의 스파이라고 의심하여 그를 길림 감옥에 가두었다가, 다시 신경 감옥으로 옮겨 가두었다. 2년이 넘는 감옥생활 동안 일본인들은 미국을 배척하는 글을 쓰라고 그를 매일같이 위협하고 협박하였지만 변 목사는 조금도 마음을 움직이지 않았다.

하루는 갑자기 '쾅'하는 소리와 함께 감옥 한가운데 소련군의 폭탄이 떨어졌다. 수많은 사람이 다치거나 죽고, 간수들 중에도 다친 사람이 많았다. 그러나 변 목사가 있던 방은 유리창만 깨졌을 뿐, 죽은 사람은 한 명도 없었다. 모두들 "신께서 보호하셨다."고 수군거렸다.

일본인들은 도망가는 와중에도 남은 죄수들을 붙들어 넣고 두 부류로 나누더니, 일부는 총살하고, 일부는 수용소에서 십 리 떨어진 거리까지 끌고 와서 해산시켰다. 다행히 변 목사는 해산시키는 쪽에 끼어있어서 살아 돌아올 수 있었다고 한다. 지금도 그의 고생담을 들으면 심장이 서늘해지는 느낌이 든다.

그 이후 변 목사는 해방이 되자 자녀들을 귀국시키고, 자신은 남한으로 갔다. 그러나 그의 아내 문신실 씨는 만주에 남아 가산을 정리하여 돌아오느라 뒤늦게 조선 땅으로 돌아오는 바람에 남편을 따라 남쪽으로 갈 수 없게 되었다는 것이다.

청진구역에는 여섯 속이 있는데, 원상 1속과 2속, 원하 1속과 2속, 화원동속과 영락동속이 그것이다. 원상 1속은 서숙자 씨, 2속은 최순옥 씨, 원하 1속은 한옥수 씨, 2속은 이의순 씨, 화원동속은 한길연 씨, 영락동속은 장연옥 씨가 각각 속장을 맡고 있다. 매주 금요일 오후 7시마다 속 회원들의 집을 순회하며 기도를 드리고 또 친목도 도모하는데, 야간통행이 금지되어 있기 때문에 9시 30분쯤이면 각자 집으로 돌아가야 하곤 했다.

그 여섯 속 중, 원하 1속에 속한 양한순 집사의 이야기를 들은 적이 있었다. 그 이야기를 생각하면 지금도 심장이 서늘해지는 느낌이다.

해방 직후 쌀값이 계속 치솟을 무렵의 일이었다. 양 집사는 식구들을 먹여 살리기 위해 쌀값이 좀 싸다는 평안북도 신의주에 가서 쌀을 사오기로 마음을 먹었다. 그런데 신의주로 가는 기차 안에서 어떤 낯선 사람이 그에게 자리를 비켜주더니, 친절하게도 엿까지 하나 건네주며 먹으라고 권하는 것이었다. 양 집사는 감사하고 미안한 마음에 처음에는 사양하였으나, 그 사람이 계속 권하여서 그 엿을 받아먹게 되었다.

엿을 먹은 지 몇 십 분이 지나자 양 집사는 목이 참을 수 없이 타오르는 것을 느꼈다. 그래서 어느 정거장에 내려 물을 실컷 먹고 다시 차에 오르자 엿을 줬던 사람이 보이지 않았다. 또 다음 정거장에 내려서 물을 마시는 중에 정신이 혼미해지고 목에서 피가 올라오기 시작했다. 그 후 그는 완전히 정신을 잃고 쓰러져 버렸다.

한참 후에 정신을 차려보니 그는 어느 철로선상에 누워 있었는데, 철도경비대원들이 그를 발견하여 사무실로 데리고 갔다. 그때 양 집사는 횡설수설하면서 철도원들에게 다짜고짜 돈 팔만 오천 원을 내놓으라고 소리를 질렀다. 엿에 들어있던 독이 온몸에 퍼져 정신이 오락가락 하는 와중에도 잃어버린 팔만오천 원이 가족들을 먹여 살릴 생계비라는 생각이 떠올랐던 것이다.

철도원들은 다짜고짜 소리를 지르는 양 집사를 미친 사람 취급하며 그를 보안서로 넘기었다. 하지만 보안서로 간 뒤에도 양 집사는 잃어버린 돈 팔만 오천 원을 내놓으라는 말뿐이었다. 보다 못한 보안서원들이 그에게 어디로 가느냐고 묻자, 그는 신의주로 간다고 대답하였다. 보안서원들은 그를 다시 역으로 데리고 가서 기차에 태워 신의주로 보냈다.

돈을 잃어버린 채 신의주 역에 내린 양집사는 정신이 없는 와중에도 교회를 떠올리고는 근처의 교회를 찾아 나섰다. 다행히도 우리 감리교회를 찾아간 모양이었다. 그 교회의 목사가 양 집사를 보니 말은 횡설수설하지만 믿는 사람인 듯하여 집으로 모셔 들여 밥을 먹이고 잠자리도 제공해 주었다.

이튿날 아침, 잠에서 깨어난 양 집사에게 목사가 사정을 물어보았다. 그러자 양 집사는 그간의 사정을 대충 이야기하고는 다시 신의주역으로 찾아가 역원들에게 다짜고짜 "너희들이 가져간 내 돈 팔만 오천 원을 내놓아라!" 하고 으름장을 놓았다. 아무것도 모르는 역원들은 그가 돈을 잃어버렸다고 생각하고는 불쌍히 여겨 고향이 어디냐고 물었다. 그리고 기차를 태워줄 테니 내일 아침 다시 역에 와 기차를 타고 고향으로 돌아가라는 것이었다.

결국 다시 교회 목사관으로 돌아온 양 집사는 그 다음날이 되자 차차 정신이 돌아왔다. 아침 일찍 목사에게 고맙다고 인사를 하고 떠나려는 양 집사의 손에 목사는 두 손을 꼭 잡으며 돈 오백 원을 쥐어주었다.

그렇게 해서 양 집사는 집을 떠난 지 일주일 만에 청진으로 돌아올 수 있었다. 지금도 그는 그때 일을 생각해보면 꿈인지 생시인지 구분이 가지 않는다고 한다.

양 집사가 이러한 이야기를 하자 교회 직원들은 모두 놀란 표정으로 그의 이야기를 들었다. 그러나 양 집사는 이제 와서 생각하면 돈을 잃은 것은 중요한 것이 아니고, 오히려 살아 돌아온 것이 하나님께 감사할 일이라고 간증을 했다. 우리 모두는 "아멘"으로 대답하고 죽은 형제를 다시 만난 듯 기뻐하며 감사기도를 드렸다. 당시에는 이런 일들이 비일비재하고, 생명을 잃는 경우도 많았던 것이다.

원상 2속의 속장 최순옥 씨가 영락동으로 이사를 가게 되어 김신덕 씨가 대신 속장을 맡게 되었다. 원하 2속의 속장 이의순 씨 역시 너무 바빠서 속을 잘 살필 수 없는 관계로 함신도 씨가 대신 속장을 맡게 되었으며, 한경애 씨는 여(女)연맹사무로 인하여 여선교회장직을 사임하였다. 나는 한경애 씨가 여선교회장직에서 사임한 것이 섭섭하여 그녀를 부인반 집사로 임명하여 직원회에 참가하게 하였다.

또 어느 자매 속장은 남편이 공산당에 가담하여 부인이 교회에 나가는 것을 절대 허락하지 않는다고 하였다. 그래서 그녀는 남편에게 대답하길 "나는 당신과 이혼할지언정 예수는 배반할 수 없다."고 하였다는 것이다. 고대의 어느 여선지자와 비교하더라도 부끄럽지 않을 독실하고 아름다운 여종이 아닐 수 없다.

그즈음 전염병이 번져 교인들의 고통이 심하였다. 특히 전형기 장로의 집에선 가족 여덟 명 중 전 장로를 제외한 일곱 명이 병에 걸리는 바람에 나이 육십의 전 장로가 혼자 일곱 병자를 간호하고 취사도 하고 있는 상황이었다. 나는 전 장로의 고생을 생각하며 그와 그의 가족들을 위해 기도를 드렸다.

그 후 목사관을 나온 우리 부부는 장희석 집사의 집 이층으로 이사를 하였는데, 한밤중에 누군가 문을 두드리는 것이었다. 장집사는 요사이 강도가 많아 무턱대고 열어줄 수도 없어서 누구냐고 물었더니 보안서원이라는 것이었다.

내가 당국의 주목을 받아 무고한 장 집사까지 누를 끼치는 것은 아닌가 걱정을 하고 있는데, 보안서원이 말하길 오일절[21]을 기념하기

21) 국제노동절(5월1일)

위해 집집마다 외등을 달라는 것이었다. 십여 일 동안은 전등료를 면제해 줄 테니 꼭 켜야 한다는 것이다. 장 집사가 보안서원에게 요새 도둑들이 집집마다 돌아다니며 외등을 훔쳐가는 경우가 많은데 어떻게 하느냐고 묻자, 그는 보안서에서 수시로 순찰을 돌 테니 걱정하지 말라고 하였다.

우리 부부가 장희석 집사의 집으로 마지막 짐을 옮기고 있을 때였다. 우리가 이사한다는 사실을 모르고 있거나, 들었으나 믿지 않았던 교우들이 수없이 찾아와 놀란 기색으로 내게 물었다. 내가 청진교회에서 오랫동안 담임목사를 맡을 줄 알았는데 별안간 새 담임목사가 오고, 또 우리 부부가 다른 곳으로 옮겨가게 된 것에 모두들 의아해 하는 것 같았다. 그래서 나는 "내가 청진을 떠나는 것도 아니고, 또 언제든 한 번은 이런 일이 있을 것이었으니 모두들 놀라지 마시오." 하고 말하였다.

얼마 뒤, 생기령교회의 김대일 장로가 부인과 함께 나를 찾아왔다. 그는 나와 악수를 하더니 이내 "우리 부부가 생기령에 와서 전도를 하였으나 생활비가 부족하여 살 수가 없습니다. 그래서 방법을 문의하러 왔습니다. 하루에 콩물 한 그릇씩만 먹고서는 도저히 살 수가 없습니다." 하고 말하는 것이었다.

나는 김 장로의 말이 매우 듣기 거북하였다. 동정심이 생기지 않는 것은 아니었으나 어찌할 방법이 없었다. 우리 연합구역회에서 김 장로를 전도사로 모신 것은 교회의 지원이 없이는 생활이 불가능한 전도사가 아니라 스스로 생활을 유지해 나가면서 전도할 수 있는 사람을 찾았던 것이었다. 그래서 기존에 생기령에 교회 건물이 있으니 그곳에 가서 예배를 드리며 인도를 해달라는 것이었다.

나는 김 장로에게 "애초에 지원금 일천 원도 생활비의 의미가 아니라 보조금 정도의 의미였습니다. 그 이상을 지원해드리려 해도 교회에 여력이 없습니다. 정 그렇게 어려우시면 전도를 그만 두시고 생계를 위해 다른 일을 하십시오." 하고 말하였다.

김 장로가 다시 "그렇다고 장사를 할 수도 없고 하니 고향으로 돌아가야겠습니다. 황해도까지 갈 수 있도록 여비 삼천 원만 챙겨 주십시오." 하고 말하기에 나는 "그것 역시 내가 돈이 있지 않으니 유사부에 부탁이라도 해보아야겠지만, 김 장로께선 우리 교회의 공로자도 아니고, 또 그렇다고 연고가 있는 것도 아니기 때문에 교회를 버리고 가시는 마당에 과연 그 돈을 청구해도 괜찮을지 모르겠습니다." 하고 대답하였다.

김 장로 부부가 여기까지 날 찾아왔으나, 우리 부부 역시 장 집사의 집에 붙어사는 형편인지라 김 장로 부부를 모셔 들일 수가 없었다. 그래서 그날 저녁은 우리가 먹는 것을 함께 먹고, 잠자리는 장 집사의 주택 윗방에서 자게 한 뒤, 다음날 아침은 유 목사 댁에서 대접하게 하였다.

그런데 김 장로는 다음날이 되어도 가지 않고 이번 주일예배까지 보고 떠나겠다는 것이었다. 하지만 새로 온 유 목사나 나 역시 김 장로 부부를 나흘 동안 모실 여유가 되지 않았다. 하는 수 없이 교우들에게 한 집씩 돌아가며 식사 대접을 부탁하였다.

월요일 아침에는 여관을 운영하는 어느 교우의 집에 김 장로 부부의 대접을 부탁하였는데, 그 대접이 소홀했는지 김 장로 부부가 아침을 얻어 잡수자마자 화가 나서 목사관으로 찾아왔다는 것이었다.

"나를 어떻게 거지 대접할 수가 있소? 유 목사는 쌀밥을 먹지 말고서라도 나를 좀 도와주시오!"

김 장로가 얼굴을 붉히며 소리친 뒤 화를 내며 돌아갔다는 이야기에 나는 그의 인격이 부족함을 깨달았다. 아마도 그는 개척전도사라는 이름을 빙자하여 자신의 생활문제를 해결하려는 것 같았다.

나는 그 다음날, 생기령교회를 관할하는 김득수 목사에게 편지를 하여 그의 문제를 좀 해결해 달라고 부탁하였다. 김 목사는 매월 1천 원 가량의 생활비를 받는 것 외에 스스로 산에 가서 나무를 하며 자신의 생활을 유지해 나가고 있었다. 그러면서도 교회에는 생활비가 부족하다는 말을 하지 않으니 그의 인내심과 충성심은 고대의 어느 선지자들과 비교하여도 부족하지 않으리라. 김 장로가 이런 김득수 목사의 인내와 충성을 배우면 얼마나 좋을까 하고 탄식하였다.

청진을 떠나 남쪽으로

청진교회를 맡은 유득신 목사는 그간의 경험으로 노련하게 교회를 잘 인도해 나가고 있다. 나는 하나님께 감사를 드리고, 5월 첫째 주일에는 어항교회에 가서 예배를 인도하고 성찬식을 행하였다. 그날 모인 교인은 불과 이십여 명에 불과했지만 주일헌금이 이백십원이 모이고, 특별헌금이 1천 2백 원이나 모였다.

나는 예배가 끝나고 어항교회 교인들에게 평양으로 간 한국보 목사를 대신하여 예배를 인도할 사람으로 누구를 세우면 좋겠느냐고 물었다. 내 물음에 교인들이 하나같이 최동준 장로를 거론하였다. 나는 교인들에게 최 장로가 머물 방이 준비가 되면 다시 연락을 달라고 부탁한 뒤 청진으로 돌아왔다.

어항에서 돌아오자 김길남 장로가 찾아와 우리 부부에게 자기 집에서 함께 지내자고 하였다. 그러나 김 장로의 부인인 박봉녀 속장이 칠남매를 키우느라 고생을 하고 있는데, 우리 부부까지 한 집에서 법석대면 얼마나 힘들까 하는 생각이 들어 처음에는 거절하였다. 그럼에도 불구하고 김 장로 부부가 몇 번이나 찾아와 지극정성으로 권하는 바람에 잠시 김 장로 댁으로 머물지 않을 수 없었다.

그리하여 장 집사의 집을 떠나려 하자 또 다시 교우들이 몰려왔다. 이번엔 어디로 또 옮겨가느냐고 묻는 사람들이 많았다. 교우들은 내가 혹시나 다른 곳으로 떠날까봐 염려를 하고 있는 것 같았다.

유 목사에게 청진교회를 맡겨 사역에서 자유로워지자 우리 감리교의 구역인 원산에도 가보고 또 평양에도 가보고 싶은 생각이 들었다. 또한 이번 일을 기회삼아 담임목사가 없어 곤란한 교회들을 작은 힘이나마 돕고 싶은 마음도 있었다. 그러던 중 6월 24일에 평양에서 북중 감리교연회가 있다는 통지를 듣고 좋은 기회다 싶어 참가하기로 하였다.

오래간만에 이진순 선생이 나를 찾아왔다. 그는 그간 사상문제로 사령부에 세 번이나 불려갔었다고 했다.

이진순 씨는 그의 사상에 대해 묻는 사령부의 질문에 자기가 생각하고 있는 대로 대답하였다고 한다. 또한 요주의인물로서 이정심, 강성록 등에 대해 묻기에 그들에 대해 "의심하지 말라" 변호한 뒤, "김진호 목사는 무슨 이유로 검거하여 그 고생을 시켰소? 김 목사 같은 지식인을 검거하고, 배우지도 못한 무식한 사람들을 높은 자리에 앉혀 민중을 다스리게 하니, 이 민족의 미래를 구렁 속으로 몰아넣는 일이 아니오?" 하고 되물었다는 것이었다.

그러나 나는 이진순 선생의 말을 듣고도 맞장구를 치거나 하지 않고 침묵을 지켰다. 이제부터라도 책임지지 못할 말은 입 밖에 내지 않으리라 마음먹은 것이다. 그동안 나의 잡다한 생각을 기록해오던 〈빙어(氷語)〉라는 시집도 작년 5월을 끝으로 절필하였다. 어차피 억울한 옥살이를 보상받을 수 없을 바에야 굳이 쓸데없는 말로 물의를 일으킬 필요가 없었다.

유 목사의 취임예배 이후 교우들은 내가 떠날 것이라는 사실을 미리 눈치 채고 있었던 것 같다.

임시로 장 집사의 집에 머물고 있던 우리 부부는 김 장로의 간곡한 부탁에 인외동에 있는 그의 집에서 하룻밤을 지내고, 그의 부인의 고생을 생각해서 곧 돌아왔다. 그 후 인외동에 사는 학생 장동식 군이 부모의 양해를 얻어 자기 집에서 속회를 열게 되었는데,

이십 명 가량이 모인 그 속회를 인도하러 갔던 나는 시간이 늦어 다시 한 번 김 장로 댁에서 하룻밤 신세를 지게 되었다.

하루는 아내가 하는 말이 교회에서 송별회를 준비하여 나를 초청하려 한다는 것이었다. 그러나 나는 당국의 주시를 받는 사람인데, 그런 모임을 갖게 되면 소문이 퍼져 이후에 더욱 곤란해지게 되지 않을까 걱정이 되었다. 더구나 나를 주목하고 있는 것은 보안서 뿐만이 아니었다. 사령부까지도 엄중하게 나를 감시하고 있는 모양이었다.

나는 당장이라도 청진을 떠나고 싶었다. 당국의 엄중한 감시로 인해 더 이상의 전도활동은 힘든데다가 내가 있음으로 인해 도리어 교회에 방해가 되지 않을까 걱정이 되기도 했다.

며칠 후, 우리 부부는 한길연 속장의 간곡한 부탁에 못 이겨 다시 한 속장의 집으로 거처를 옮기게 되었다. 그러던 중 하루는 속장 부인들이 한 속장의 집에 모여 음식을 만드는데, 나는 무슨 이유로 음식을 만드는지 모르고 있었다. 저녁이 되자 교회 직원들이 모두 모이기 시작하더니 함께 음식과 떡을 먹게 되었다.

그 자리에서 유 목사가 일어나 "오늘 저녁은 노 목사님의 사은회로 모인 것입니다." 하고 말하더니 나에게 사례금으로 일만 원을 건네주었다. 나는 감격에 눈물을 흘리지 않을 수 없었다. 교인들 역시 내가 조만간 떠나게 된다는 사실을 아는지 모두 눈물을 흘렸다.

나는 교인들을 향해 "여러분, 안심하십시오. 저는 이번에 평양에 가서 연회에 참석한 뒤, 형편을 보아 다시 돌아올 생각입니다. 이 자리를 헤어지는 자리로 생각하지 말아주십시오." 하고 말하였다. 그러나 모두들 내 말을 믿지 않는 눈치였고, 나 역시 거짓을 말하려니 마음이 아팠다.

1947년 6월 6일, 오후 2시에 평양으로 떠나기로 예정이 되어 있는데 김길남, 황종우 두 장로가 찾아와 우리 부부와 동행하겠다는 뜻을 밝히었다. 두 장로는 여행비용을 각자 스스로 부담하는 모양이었다. 자신들의 시간과 고생을 생각하지 않고 우리 부부를 보호해 주려 하니 고맙지 않을 수 없었다.

짐 두 보따리는 후에 교인들이 평양으로 붙여주기로 했고, 평양으로 가는 기차표도 사고 나니 떠날 준비가 끝났다. 아무도 모르게 조용히 떠나려던 것이 모두들 눈치를 채고 나와 청진역 앞에는 수십 명의 사람들이 모여들었다. 눈물을 흘리며 전송하는 사람들의 모습에 나도 알지 못하는 사이에 눈물이 쏟아졌다. 앞을 보지 못하고 돌아서서 눈물을 닦았다.

황 장로는 관북대학의 공무증을 가지고 먼저 기차에 올라 우리들이 탈 자리를 잡아놓았다. 기차는 정각이 되자 곧장 기적을 울리며 출발하였다. 예전에 소련군에 기차를 운행할 때에는 시간도 잘 지키지 않고 탑승정원도 일정하지 않았는데, 우리 조선인들이 운행하게 된 이후로는 기차의 출발과 도착시간이 잘 지켜지게 되었다.

나는 청진역이 보이지 않을 때까지 계속해서 창밖으로 기차 뒤편을 돌아보았다. 1940년 6월, 처음으로 청진에 와서 만 7년 만에 이곳을 떠나게 되니 뭉클한 마음이 들었다. 미운 정 고운 정 다 들며 서로 사랑을 주고받던 형제자매들, 그리고 수많은 고난과 고통을 함께 한 여러 교우들을 생각하니 자꾸만 눈물이 흐르는 것을 참을 수 없었다. 평소에 교회 일로 인하여 나와 다투던 형제들까지도 다 화해하고 사랑으로 맺어졌으니 주님께 감사할 따름이다.

우리가 탄 열차는 급행열차여서 작은 정거장은 멈추지 않고 그대로 통과하였다. 그날 밤을 기차 안에서 보내고, 이튿날 오후 8시에 평양역에 도착하였다.

안내자를 따라 역 앞에 있는 조선여관에 들어가니 불을 때지 않아 방바닥이 무척 차가웠다. 불을 때달라고 부탁해도 듣는 둥 마는 둥해서 그대로 찬 방에 앉아 있는데, 잠시 뒤 여관주인인 신혜령 씨가 왔다. 그는 우리에게 공민증을 보여 달라고 부탁하더니, 곧 내가 목사인 줄을 알고는 인사하며 자신은 장로교 장로라고 하였다.

나는 그에게 한국보 목사가 있는 역전교회를 아느냐고 물었다.

그러나 그는 고개를 가로저을 뿐이었다. 나는 그날 밤 무엇인가를 잃어버린 것 같은 기분에 잠을 이루지 못하였다. 밤새 누웠다가 일어났다가 엎드려 기도하다가 하는 식으로 밤을 지새웠다.

그 다음날인 6월 8일은 일요일이었다. 여관주인인 신혜령 씨가 가까운 교회에 가자고 하였으나 거절하고 남산현교회를 찾아갔다. 남산현교회의 예배당은 우리 감리교 예배당 중에서 가장 커서, 과거엔 약 천 명의 교인이 함께 예배를 드리던 교회였다.

황치헌(黃致憲) 목사가 이 교회의 담임목사로 있을 때, 일본정부에 아첨하기 위해 예배당의 종을 떼어내어 헌납한 일이 있었다. 그 후로 여러 교회들이 어쩔 수 없이 종을 헌납하였는데, 그로 인한 천벌인지는 몰라도 얼마 뒤 이 교회에서 불이 나서 건물은 모두 소실되고 재만 남게 되었고, 정춘수 씨가 감독으로 있던 시기에는 수천 평에 달하는 교회 땅을 매각해 버리기까지 하였다.

그러던 중 해방이 되어 일본인들이 모두 쫓겨 가자 교인들이 다시 일어나 불탄 자리를 쓸어내고 그 위에 다시 예배당을 건축하게 되었다. 교회의 재건은 담임목사 송정근 씨의 노력과 합심된 교우들의 열성으로 이루어졌는데, 건축비가 무려 200만원이나 들었다고 한다. 나는 청진교회 건물 구입비 1만 원을 모으는데도 엄청난 고생과 노력을 했는데, 건축비가 200만 원이 들었다는 얘기를 듣게 되니 깜짝 놀라지 않을 수 없었다.

남산현교회의 담임목사인 송정근 목사는 북중 감리교연회의 회장이었다. 그는 내게 "연회가 6월 24일부터 열리는데 너무 일찍 평양에 오신 것이 아닙니까?" 하고 물었다. 그래서 나는 "연회의 참석은 표면적인 이유이고, 이번 기회에 남조선으로 가려고 생각하고 있습니다." 하고 앞으로의 계획은 간략하게 내비쳤다.

어제 평양에 와서 보니 감리교에서 경영하던 광성초중학교와 정의여중학교, 그리고 요한성경학교와 기홀병원(紀忽病院) 등은 모두 공산당에게 몰수를 당해 붉은 깃발이 나부끼고 있었다. 나는 이러한 사실들을 떠올리며 예배 중에 주님께 눈물의 기도를 올렸다. 그리고 분통한 마음에 통곡이 터져 나오려는 것을 억지로 참았다.

남산현교회에서 예배를 드린 뒤, 나는 황 장로와 함께 연광정(練光亭)과 모란봉을 구경하고 돌아왔다. 어느 음식점에 들어가니 한 청년이 내게 다가와 "날씨가 춥지 않습니까?" 하고 말을 건네기에 그의 얼굴을 바라보았다. 그랬더니 그 청년이 다시 말하길 "기억하십니까? 저 박삼열입니다. 배재학당을 나와 치의학을 공부하고, 이곳에 와서 치과병원을 경영하고 있습니다. 좀 찾아오십시오." 하는 것이었다.

깜짝 놀라 보니 어린 시절 장난을 잘 치던 박삼열 군이 분명하였다. 그 소년이 이제 이렇게 자라 신사가 되었으니 놀라지 않을 수 없었다. 오래간만에 보는 박 군이 반갑기는 했으나 "지금은 시간이 없으니 나중에 병원에 들르겠네." 라고 말하고는 여관으로 돌아올 수밖에 없었다.

박 군과 헤어진 뒤 나는 곧장 여관으로 돌아왔고, 황 장로는 평양역으로 가서 그곳에 도착한 짐 꾸러미 두 개를 찾아 다시 사리원(沙里院)역으로 붙이고 여관으로 돌아왔다. 그 다음날 오후 2시에 다시 기차를 타고 사리원역에 오니 날이 저물어 있었다.

38선에 가까워서 그런지 사리원역에 내리자 보안서원들의 조사가 삼엄하였다. 또 무슨 변이 있지나 않을까 걱정하였으나 다행히 아무 일 없이 통과할 수 있었다. 여관 안내자의 인도로 강산여관에 들어갔는데, 기차에서 내릴 때부터 따라오던 어느 소녀가 아내 숙자를 따라 함께 여관으로 들어오는 것이었다. 아내에게 물어보니 어린 소녀가 혼자 여행하는 것이 가엾어서 데리고 왔다는 것이었다. 그 소녀는 우리 부부에게 부모라고 부르게 해달라고 부탁했다. 분명 무슨 사연이 있겠거니 생각되어 그렇게 하라고 허락하였다.[22)]

그날 밤을 여관에서 보내고 이튿날 아침 5시에 해주(海州)행 기

22) 이 소녀의 이름은 김정자인데 김진호 목사는 소녀와 같이 월남하여 양녀로 삼았고, 이 소녀는 남북이산가족 찾기 때 헤어졌던 가족을 만났다.

차를 탔다. 그 소녀도 우리와 함께 기차에 탔다. 기차 안에서 신천(信川)과 재령(載寧)의 넓은 평야를 내다보았다. 모내기가 한창인데 아직 물이 없어서 농민들이 하늘만 쳐다보며 비를 기다리고 있는 것 같았다.

그날 오전 10시에 해주역에 도착하니 가랑비가 내리고 있었다. 철도보안대원들이 승객들을 모아놓고 반시간 동안이나 조사를 하였으나 끝마치지 못해서 함경도와 평양에서 온 사람들은 공무여행자를 제외하곤 모두 철도보안서로 데리고 갔다.

보안서에 가서도 가랑비를 그대로 맞도록 승객들을 광장에 세워두었다가 한 사람씩 불러들여 취조를 하였다. 나는 불안감에 아무 죄가 없음에도 다리가 떨려오는 것을 느꼈다. 곧이어 보안서원들이 우리 부부를 불러들이더니 소지금과 소지품을 모두 압수하고 성경과 십자가마저 빼앗아갔다. 그리고는 우리 부부더러 밖에 나가서 기다리라는 것이었다.

아내는 소지품을 전부 빼앗기자 기가 막히는지 바닥에 주저앉아 울기 시작했다. 그러자 한 병사가 다가와 “왜 울고 있습니까? 여기는 물건을 빼앗는 곳이 아닙니다. 나중에 모두 돌려줄 겁니다.” 하고 거짓말을 하는 것이었다. 그리고는 우리 부부를 여관으로 안내해 주었는데, 이 여관이 이름만 여관이지 실제로는 감옥이나 다름없었다. 여관 출입을 일일이 통제하는가 하면 투숙객의 행동 하나하나도 모두 감시하는 것이었다.

우리 부부는 점심을 사먹겠다고 말하고는 여관을 빠져나왔다. 비가 계속해서 쏟아지고 있었다. 나는 아내와 함께 비를 맞으며 돌아다닐 수밖에 없었다. 해주역에 내리면서 헤어진 황 장로에게 소식도 전하고, 교회를 찾아가 도움도 청해야겠다는 생각도 들었다. 간신히 감리교 예배당을 찾아 조창석 목사를 만날 수 있었다. 나는 조 목사에게 숨겨가지고 있던 돈 몇 천 원을 꺼내어 맡기고 아내와 함께 여관으로 돌아왔다.

여관으로 돌아왔으나 방바닥은 차갑고, 옷은 비에 젖어 추위를

견디기 힘든 지경이었다. 몸이 떨려서 저녁밥을 먹는 둥 마는 둥 하고 잠깐 기도를 드린 뒤 자리에 누웠다. 옆방에 묵고 있는 사람들의 말소리에 귀를 기울이자 공산주의자들에 대한 원망 섞인 말들이 오고가는 것이 들려왔다.

"조사랍시고 죄 없는 사람들을 이렇게 붙잡아두다니……."

"이런 백정 같은 공산주의자들이 다스리는 세상이 되면 우리 백성들은 모두 고깃덩어리가 되고 말 거요."

이튿날 날이 밝자마자 아내 숙자가 빼앗긴 돈과 소지품을 찾기 위해 보안서로 찾아갔다. 그러나 보안서원들은 계속 해서 잠시 뒤에 찾아오라는 말만 반복할 뿐이었다. 결국 그렇게 기다리다가 날이 저물어 버렸다.

옆방에 있는 윤 모 씨의 이야기를 들으니 그는 상삼봉(上三峯)에서 장사를 하기 위해 이곳에 왔다가 소지금 사만 오천 원을 빼앗기고 이곳에서 돈을 돌려받길 기다리고 있는 중이라고 했다. 집에 있는 식구 십여 명이 양식이 떨어져 자신을 기다리고 있는데 이곳에 이렇게 붙잡혀 있다며 초조해 하는 그의 모습을 보니 마음이 아팠다. 여관에 있는 다른 이십여 명의 사람들도 상황이 크게 다르지 않았다. 대부분이 억울하게 붙들려 오도 가도 못하고 이곳에 발이 묶여 있는 사람들이었다.

다음날 아침, 아내 숙자가 다시 한 번 보안서에 가서 소지품을 압수해 간 이유를 물으니 이번에도 잠시 뒤에 다시 오라고 할 뿐이었다. 아무래도 우리 부부를 밀수꾼으로 몰아갈 작정인 모양이었다. 다른 사람들의 말을 들으니 그렇게 차일피일 미루다가 기다리지 못해 그냥 도망가는 사람이 절반은 된다고 했다.

보안서에서 그런 식으로 빼앗은 물품과 금품이 하루에도 수십만 원 가량인데, 물품은 창고에 산같이 쌓아놓고, 금품은 금고 가득 쌓아두었다. 이것이야말로 대낮에 버젓이 도둑질을 해가는 셈이었다.

마침 진성애 씨의 딸인 김성일양이 찾아와 우리의 억울한 사정을 듣더니, 직접 보안서로 찾아가 우리의 사정을 이야기하고 약간의 금품을 찾아왔다. 우리 부부는 되찾은 약간의 금품을 가지고 곧장 감리교 예배당으로 찾아가 황 장로와 재회할 수 있었다. 그리고 조 목사와 김동규 전도부인의 배려로 그곳에서 하룻밤을 쉬며 식사대접을 받았다.

그 다음날, 우리 부부는 장로교회의 원 집사라는 사람을 만나 남쪽으로의 도항을 부탁하고, 그날 밤에 용당포(龍塘浦)로 나가기로 약속하였다. 그리고 낮에는 황 장로와 함께 시내를 돌아다니다가 수양산 아래 청성묘를 찾아갔다. 묘 근처의 다리 옆에 비석이 하나 서있었는데 "백세청풍(百世淸風)"이란 네 글자가 새겨져 있었다.

묘당 안으로 들어가자 어느 노인이 앉아 있는 것이 보였다. 그 노인은 나를 보더니 분개한 어조로 말하길, 예전에는 이 고을 선비들이 매년 백이(伯夷)와 숙제(叔齊), 두 현자에게 향을 피우고 제례를 드렸는데, 요새는 토지를 다 빼앗겨 제례(祭禮)를 드리지 못하고 있다고 하였다.

청성묘를 빠져나온 우리 두 사람은 이번엔 서쪽의 단상산에 있는 감리교 요양원으로 향했다. 요양원에 가보니 맑은 공기 속에 푸른 바다가 소나무 사이로 비치고, 수 십 동의 건물들이 소나무 숲속 여기저기에 들어서 있는데 경치가 여간 아름다운 것이 아니었다. 또 환자와 직원들이 예배를 드리던 아름다운 예배당이 산꼭대기에 서있었다.

그러나 가까이 가서 보니 예배당에 "수부실(受付室)"이라는 명패가 걸려 있고, 지붕 위에 있던 십자가는 누군가 도끼로 찍어내 버렸다. 분명 공산당의 소행이리라. 이 요양원을 빼앗은 것도 모자라 기독교의 흔적을 아주 없애버리려는 모양이었다. 나는 공산당의 만행을 차마 더는 볼 수 없어 발걸음을 되돌려 버렸다.

그날 밤, 나는 김동옥 씨와 함께 먼저 용당포로 나갔으나 아내 숙자가 따라오지 않았다. 감시자인 듯한 낯선 사람의 눈을 피하느라고 날이 저물도록 나오지 못하고 있다는 것이었다. 그러다가 밤 11시가 지난 후에야 원 집사가 간신히 아내를 데리고 나왔다. 그 사이 어찌나 초조했던지 아내가 오는 것을 보자 저절로 '휴우'하고 안도의 한숨이 나왔다. 숙자가 늦은 탓에 그날 밤은 원 집사의 집에서 자고, 그 다음날 밤에 다시 도항을 시도하기로 하였다.

약속한 날 밤이 되자 나는 먼저 선원 한 사람과 함께 배를 찾아 물이 빠진 갯벌로 나갔다. 선원은 내게 배에서 쓰는 낚시도구 하나를 주며 누가 묻거든 고기를 잡으러 나왔다고 대답하라는 것이었다. 곧이어 배가 도착하자 선원은 나를 배 안의 작은 선실로 안내했다. 그곳에서 그의 지시대로 허리를 구부리고 누웠더니, 선원은 다시 돌아가고 밤바다의 고요한 정적이 주위를 감쌌다.

조금 있으려니까 굵은 빗방울이 떨어지면서 갯벌 위로 점차 바닷물이 밀려들어오는 것이 느껴졌다. 그러나 아내 숙자도 선원도 오지 않고 있었다. 갑자기 배가 바람에 떠밀려 제멋대로 흘러가버리면 어떻게 하나 하는 두려운 생각이 들어 엎드려 하나님께 기도를 드렸다.

"주께서 아내를 보호하사 안전하게 이곳으로 보내주시고, 배가 다른 곳으로 흘러가지 않도록 도와주소서."

기도를 마치고 잠시 뒤, 갑자기 '쿵' 하는 소리가 들려왔다. 깜짝 놀라 일어나보니 선원들이 짐짝을 가져와 배 위에 올려놓는 소리였다. 곧이어 아내를 포함한 몇 사람이 배 위로 올라오는데, 아내와 김동옥 씨와 그의 부인이었다. 비좁은 선실에 네 사람이 꼭 끼듯이 눕고 나니 이제는 선실 안에서 호흡곤란으로 죽지 않을까 걱정이 되었다.

누워서 기도를 드리고 있는 사이, 밤 11시가 되자 배가 조금씩 움직이기 시작했다. 처음에는 물결이 잔잔하여 배가 그리 흔들리지 않았는데, 곧이어 뒤쪽으로부터 조금씩 심하게 흔들리기 시작했다. 아내는 배멀미를 참지 못해 이내 먹은 것을 모두 토해내더니 선실에서 나가 짐짝 위에 엎드려 버렸다.

다음날 아침 4시에 연백(延白)해안에 배가 정박하였다. 선장이 "경계선에 왔으니 마음을 놓으시고 배에서 내리십시오." 하고 말하였다. 짐짝을 운반하는 인부가 해변의 얕은 물을 건너가는 것을 보고 나는 급히 편지를 써서 뱃사람에게 건네었다. 황 장로에게 보내는 편지였다.

흔들리는 선상에서 황 장로에게 이 눈물겨운 편지를 씁니다. 이 노인을 위해 시간과 노력, 그리고 물질까지 희생하면서 위험한 곳까지 따라와 도와주고 보호해주니 그 고마움은 참으로 잊을 수 없습니다. 편지를 더 쓰고 싶으나 손이 떨리고 눈물이 흘러 이만 쓰겠습니다.

편지를 건넨 뒤, 나는 인부들을 따라 숙자를 부축하여 얕은 물을 건넜다. 인부들은 해안에 있는 조그만 여관에 우리 짐을 가져다 놓고 내게 운임을 청구하였다. 짐 두 짝을 운반하는데 총 삼백 원이 들었다. 나는 곧 운임을 지불하고 아내 숙자를 부축해 방으로 들어가니 그녀는 무척이나 지쳤는지 이내 방바닥에 쓰러져 버렸다.

아침밥을 먹는 둥 마는 둥 먹고 나니 여관주인이 팔학(八鶴) 경관주재소에 가서 가져온 짐짝들을 검사받아야 한다고 주의를 주었다. 해안에서 내린 사람들이 짐짝을 들고 줄지어 행진하는 모습에 나는 혀를 차지 않을 수 없었다. 그들은 모두 북조선에서 살 수 없어 남조선으로 도망쳐 온 사람들이었다.

날마다 사람들이 이렇게 몰려온다고 하는데, 이곳뿐 아니라 38선을 두고 서해안부터 동해안까지 곳곳에서 이렇게 밀려 내려온다는 것이었다. 아마도 북조선은 경제난보다 인구 부족으로 인해 파멸할 것 같다는 생각이 들었다.

해안에서 팔학 경관주재소까지 운반비 350원을 지불하였더니 어느 농민 부부가 와서 짐을 운반해 주었다. 아마도 그 부부는 이런 혼란한 상황이 그리 두렵지 않은 듯 했다. 오히려 돈을 벌 수 있는 기회로 생각하는 것 같았다.

팔학 주재소에 도착하여 그곳에 있는 경관에게 "38선 이남이라 마음 놓고 왔는데, 또 무슨 조사를 그렇게 합니까?" 하고 물으니, 경관은 "미안합니다. 규칙이라서 어쩔 수 없습니다." 하고 대답하였다.

팔학에서 청단역(靑丹驛)까지는 자동차를 이용해 사람과 짐을 운반하는데, 운반비가 또다시 5백 원이 들었다. 연백 해안에서 청단역까지 길에다 돈을 뿌리면서 오는 셈이었다. 거의 두 시간이 걸려 청단역에 도착하니 정오가 되어 있었다.

청단역에서 어느 청년 한 사람이 나와 연설을 하는데, 그는 이 마을의 청년회 총무로써 38선을 넘어온 사람들을 위로하는 한편, 이곳에서도 짐 검사를 받아야 한다는 것과 오늘 기차를 타지 못하면 내일 오전 6시까지 기다려 기차를 타야 한다는 사실을 알려주었다. 그는 또 덧붙여 말하길 약간의 비용을 내면 이곳 청년회에서 짐을 다 검사받아 숙소까지 가져다주고 표까지 구입해 주겠다는 것이었다.

오랜 여정에 지친 나는 청년들에게 비용을 지불하고 우리 짐과 숙박까지 모든 것을 위임하였다. 곧이어 청년회에서 안내해준 여관에 도착한 우리 부부는 아픈 다리를 쭉 뻗고 쉴 수 있었다.

오늘은 일요일임에도 불구하고 청단역까지 오느라 예배를 드리지 못하였다. 그래서 저녁밥을 먹은 후 근처의 시골 감리교회를 찾아가 예배를 드렸다. 그 교회의 목사 이름을 물으니 조피득 목사라고 했다. 예배 헌금으로 일백 원을 주고 숙소로 돌아왔다.

그 다음날 아침, 여관에서 밥을 먹기엔 시간이 부족하여 숙박비를 계산하고 일찍 역으로 나왔다. 마침 해주에서 온 청년 학생이 있어서 그 학생에게 짐을 맡기고 우리는 먼저 기차에 올랐다. 기차는 지붕도 없는 짐차였다. 짐짝이나 다름없이 기차에 실려 차가운 아침바람을 맞으며 동쪽으로 향했다.

창백한 아침 하늘 아래로 펼쳐진 논을 바라보니 모내기가 한창이었다. 논 중간 중간에 토탄들이 퇴적해 있는 것이 보여서 어떤 사람에게 물으니 "연백은 토탄의 산지입니다. 이곳에서는 이 토탄을 연료 대신 사용하는데, 논바닥을 깊숙이 팔수록 토탄이 많이 나옵니다." 하고 내게 설명해주었다.

기차를 타고 연안읍(延安邑) 부근에 도착했을 때, 그곳 정거장에서 우연히 안명옥양을 만났다. 그녀는 우리 부부를 알아보고 먼저 인사를 건네 왔다. 안명옥 양은 남편과 함께 연안읍에 와서 병원사무를 보고 있다고 했는데, 이번에 김신일 목사가 연백읍교회에 오셔서 일주일간 부흥회를 인도하시고 지금 상경하시는 중이라 전송하기 위해 정거장까지 나왔다는 것이었다.

다시 기차를 타고 토성(土城) 부근에 도착하니, 차장이 모든 승객들에게 기차에서 내리라고 지시를 하였다. 그리고는 내린 승객들을 북쪽 사람과 남쪽 사람으로 갈라 세우는데, 우리 부부는 다행히 남쪽 사람 편에 서게 되었다. 북쪽 사람들은 따로 기차에 태워 개성수용소로 보내는데, 그곳에서 짐과 사람을 모두 소독하고 검사하면서 이삼일을 보낸다는 것이었다.

남쪽 사람들과 함께 다시금 기차에 오른 우리 부부는 토성역에 도착한 뒤, 곧바로 서울직행열차를 탔다. 그리고 오후 1시쯤 서울역에 도착하니 감회가 새롭지 않을 수 없었다.

1940년 6월에 이곳을 떠나 청진교회에 있다가 만 8년인 오늘 다시 돌아와 보니 서울 풍경이 몰라보게 달라져 있었다. 미군들의 자동차 소리가 시내 곳곳에서 울리고, 길에는 수많은 사람들이 밀려나와 어깨가 부딪힐 지경이었다. 길가에는 야바위놀음이 널려있고, 사람들은 모두 자유에 취하여 여유로운 모습이었다.

서울을 돌아다니던 중 우연히 김남수 군을 만났다. 김 군과 같이 있던 사람이 진승준 속장의 아들이라고 해서 함께 중국음식점에 들어가 국수 한 그릇씩을 먹었다. 그리고 청운동 57-23번지의 아들집에 도착하니, 아들 희영은 군정청에 가고 며느리 정숙만이 홀로 집을 지키고 있다가 깜짝 놀라 눈물 반, 웃음 반으로 우리 부부를 맞이하였다.

아들 집에 도착한 날이 1947년 6월 16일, 청진을 떠난 지 열흘만이고, 해주에서 떠난 지는 나흘 만의 일이었다. 소지품은 오는 길에 공산당 보안서원들에게 모두 빼앗겼으나, 나 같은 팔십 노인이 이렇게 살아 돌아온 것만도 얼마나 다행한 일인지 모른다는 생각이 들었다.

내가 살아 돌아왔다는 소식에 목사들과 교우들이 모두 몰려와 위로와 축하를 해주었다. 그 뒤 며칠 동안 집에서 쉬면서 궁정동과 자교에서 설교를 하였다. 그리고 6월 26일 저녁에는 서울 각 교회의 목사들과 신도들이 나의 고생을 위로하기 위하여 위로회를 열어 주었다.

회고록

예전 소동파(蘇東坡)라는 중국 북송시대의 시인이 말하길 "나는 지옥 같은 운수 속에 살고 있다."고 하였다. 그는 일생동안 한 번도 평화로운 나날이 없었고, 매일 지옥과도 같은 혹독한 삶을 살았다고 한다. 나는 소동파와 같은 학식도 없고 후세에 남길 문장도 없지만, 다만 주님을 위하여 함경북도에 파송되어 전도여행을 했을 따름이다.

청진역에 내릴 때부터 시련은 시작되었다. 이러한 시련을 피하려면 전도를 그만두어야 하는데, 예전에 주님께서 시험받으신 것을 생각하여 참아보자고 하였던 것이 아무런 성과도 없이 고난을 당하기만 하였다.

지금 생각해보면 내가 너무 급하게 전도만을 생각했던 것이다. 당시 다섯 곳에 교회를 세웠을 때, 나는 이것이 주님께서 이 어두운 곳에 교회를 세워 마귀를 멸하려는 것이라 믿었다.

그러나 나는 여러 가지 실수를 저질렀다. 첫 번째 실수는 안흥석씨의 열심히 일하는 모습만 보고, 그 내면이 성실하지 못하다는 것을 알지 못했다는 것이다. 둘째로는 최주경 장로의 됨됨이가 바르지 못함을 알면서도 그의 도움을 받아 교회를 부흥시켜볼까 생각했던 것이다. 결국 그 후에 최주경 장로를 교회에서 내보냄으로써 교회가 잠잠해졌다.

마지막 잘못은 경성교회 교인들의 말만 듣고 한국보 목사를 좋지 않게 생각했던 것이다. 한 목사는 성격이 강직하고 설교에도 능한 목사였다. 그러나 교인들은 그를 좋아하지 않았고, 무조건 나에게 설교를 부탁하는 것이었다. 그때 내가 좀 더 사정을 자세히 알아보지 못한 것이 잘못이었다. 혹시나 교회 하나를 잃게 될 까 걱정되어 경성교회로 가서 문제를 해결하려 했던 것이 결국 한국보 목사를 쫓아내게 되는 계기가 되었다.

내가 경성교회에 가있던 와중에 청진의 안흥석 씨가 자기 마음대로 홍종숙 목사를 초빙하여 청진교회를 맡게 하였다. 그로 인해 80여 명의 교인들이 다 흩어지고 교회가 비게 되었다.

한편 경성교회로 온지 며칠 만에 나는 교회의 분위기가 이상하다는 사실을 깨달았다. 기도를 하다가 뛰는 사람, 넘어지는 사람, 웃는 사람, 노래하는 사람 등 전부 미신에 가까운 행동들을 하고 있었다. 그제야 교인들이 한국보 목사를 내쫓게 된 것은 한 목사의 문제가 아니라 교인들의 미신 때문이라는 사실을 알게 되었다.

나는 경성교회 교인들에게 "여러분의 은혜가 넘쳐서 하는 일이지만, 신령스럽지 못하니 조심하십시오. 바울 사도가 유두고를 살려낸 뒤, 그에게 조용히 하라고 부탁하지 않았습니까? 주의 은혜를 받을수록 더욱 조용히 기다려야 하는 법입니다." 하고 말하였다. 그 후로 소란은 누그러들었지만 암암리에 "목사는 성령과의 소통이 없다."고 비방하는 소리가 들려오게 되었다. 이러한 미신문제는 청진교회의 당파싸움보다 더 어려운 난관이었다.

그로부터 1년이 지난 후에 나는 신종악 장로에게 경성교회를 부탁하고 교회가 없는 어항으로 갔다. 신 장로는 즐거운 마음으로 교회를 맡으며 "목사님께서 경성으로 가시면 이곳에서 매월 40원씩의 생활비를 보내드리겠습니다."라고 하였으나, 그 후로 단 한 푼의 돈도 보내오지 않았다. 그의 말을 믿은 것은 아니었으나, 우리 부부는 어항에서 생활비 부족으로 많은 고생을 겪을 수밖에 없었다.

얼마 뒤에는 안흥석 씨가 무슨 편지를 보내왔다고 해서 경성교회에 난리가 나기도 했다. 마침 경성교회의 김광호 전도부인이 병으로 고생하고 있다는 소식을 듣고 경성역에 도착하니, 주을교회의 어느 속장 부인이 나더러 김 전도부인이 세상을 떠났다고 하는 것이었다.

곧이어 신종악 장로를 만났는데, 그는 나보고 "당신이 안흥석 씨를 시켜서 김전도부인을 내쫓으라는 편지를 보냈지?" 하고 욕설을 퍼붓는 것이었다. 나는 하도 황당해서 "그런 일을 한 적은 없습니다. 그러나 이런 꾸지람을 듣게 된 것은 다 내 잘못입니다." 하고 대답한 뒤, 김 전도부인의 장례를 치르고 돌아왔다.

사실 경성교회의 미신은 모두 김 전도부인에 의해 생긴 것이었다. 그녀가 며칠 전 주을온천에 가서 목욕을 하고 온 뒤 별안간 병이 나서 죽은 것인데, 교인들이 그녀가 죽게 된 원인이 내게 있다고 지목하니 섭섭하지 않을 수 없었다.

그 후 나를 무신론자라고 비방하던 노춘섭 전도사 역시 집안에 큰 화를 입었다. 그의 딸과 사위가 죽고, 아들은 도둑질을 하다 잡혀 감옥에 갇히고, 노 전도사는 고향에서 살 수 없어 다른 곳으로 이사를 가고 말았다. 그가 맡고 있던 생기령교회마저 없어지게 되고 보니, 나는 이 모든 것이 나의 잘못이라는 생각이 들어 회개의 기도를 드리지 않을 수 없었다.

다시 얼마 뒤에는 청진교회의 예배당으로 쓰기 위해 구입을 계획하고 있던 건물을 안흥석 씨에게 고아원으로 빼앗기기도 하였다. 그리고 그 후로도 안흥석 씨의 방해로 여러 가지 고생을 하기도 했다.

또 병으로 인해 죽음의 문턱까지 다다른 일도 있었다. 아들들이 내 소식을 듣고 장례를 치르기 위해 수의까지 가지고 왔다가 다행히도 장연옥 속장이 한의사를 데려와 침을 맞고 다시 살아날 수 있었다.

그렇게 되살아난 뒤로는 다시 일본경찰에게 고문을 당하였다. 또 소식을 들으니 경찰서에 비밀문서가 하달되었는데, 1945년 8월 15일에 기독교 내의 주요 인물들을 모두 죽이라는 지시가 떨어졌다는 것이었다. 그 문서의 명단 속에는 내 이름도 포함되어 있다고 했다. 그 사실을 미리 알고 장로교의 몇몇 목사들은 비밀리에 도망치기도 하였으나, 나는 끝까지 교회를 지키기로 마음먹고 있었다.

그러던 중 8월 15일을 이삼일 앞두고 미국 비행기가 폭격을 시작하고, 소련군이 상륙하면서 항구 전체가 불바다가 되었다. 덕분에 피난을 떠나야 하는 상황이 되었지만 일본경찰에게 죽임을 당하는 것만은 피할 수 있었다.

우리 부부는 김길남 장로의 가족들과 함께 부장현에 사는 박종건씨 댁으로 피난을 갔다. 가는 도중에 죽을 고생도 많았지만 다시 살아서 청진에 돌아올 수 있었으니 감사한 일이 아닐 수 없다. 돌아오는 길에 보니 길가에 죽은 시체들이 즐비하게 누워있었다.

이런 고생을 내가 원한 것은 아니지만, 그간에 나의 잘못들을 돌아보면서 언제나 나를 용서해주시고 인도해주신 주님께 감사하다.

■ 편집후기

나는 아버지(김희영)께서 살아계실 때 할아버지(김진호 목사님)께서 일제시대에 청진(淸津)에 가서 목회하신 기록물인 〈북선전도약사〉가 우리 자손들에게 귀한 기록임을 깨달았다. 그러나 책이 낡아 훼손될 우려가 있고, 우리 시대에는 알아보기 힘든 한문 섞인 것이라 아버지께 책을 읽어 달라 부탁하여 틈나는 대로 그것을 한글로 적어두었다.

아버지께서는 말년에 다리가 굳어 움직이지 못하시고, 몸 또한 쇠약해지셔서 피곤해 하시면서도 거의 한달 넘게 틈나는 대로 나와 함께 그 작업을 하셨다. 그 작업은 한 번에 한 시간을 넘지 못하여서 오랜 시간이 걸린 끝에 간신히 그 일을 마칠 수 있었다.

할아버지의 다른 기록물도 그렇게 하고 싶었지만 그 후 아버지께서는 더욱 쇠약해지셔서 감기기운만 있어도 병원에 가셔야 할 지경이었기 때문에 그 일을 하실 수 없으셨다.

아버지께서 청운동의 집에서 병원으로 가실 때, 나는 생전 처음으로 아버지를 업고 차가 있는 곳까지 갔었다. 아버지께서는 내가 못미더우셨는지, 아니면 그 상황에서도 자식을 도우시려 했는지 집에서 나올 때 옆의 기둥이나 문 등을 양손으로 붙잡으셨다. 그러나 내가 느끼는 아버지의 체중은 이미 어른의 몸무게가 아니었다. 마치 어린아이의 몸처럼 가벼우셨던 것이다. 아버지께서는 병원에 가신지 나흘 만에 세상을 떠나셨다.

그리하여 〈북선전도약사〉는 할아버지의 유작 중에서 맨 처음으로 한글로 옮긴 것이 되었다. 그로부터 몇 년이 흐른 지금, 나는 이것을 옮겨 적으면서, 또한 타이핑을 하면서 할아버지가 겪으신 목회의 어려움과 기쁨을 통해 하나님의 종들의 역할을 새삼 깨닫게 되었다.

나는 이 글을 두 가지 형태로 정리하려 한다. 첫째는 할아버지가 적으신 것을 거의 변치 않고 한글과 한문을 섞어 본문의 이해를 더 높이는 쪽으로 정리하는 것이고, 둘째는 현재의 손자, 증손자들의 이해를 돕기 위해서 한문을 되도록 쉬운 한글로 해석하여 정리하려는 것이다. 이 작업은 시간이 많이 걸리는 작업이고, 또 한문을 배우지 못한 한글세대가 하는 것이라 미비하겠지만 틈나는 대로 해보려 한다.

1996년 5월 20일 구술 받아쓰기
2011년 2월 17일 한문 넣고 문단 나눔
한문해석 및 구술 : 셋째아들 김희영
타이핑 및 편집 : 손자 김주황

방송원고"무너진 제단을 찾아서"

편집자의 말

우연한 기회에 북한선교 전문가인 유관지(劉寬之) 목사님(감리교북한교회연구원 원장)과 이 「북선전도약사」에 대한 이야기를 나누게 되었는데 유 목사님은 「북선전도약사」에 대해 깊은 관심을 표하면서 원본을 읽게 해 달라고 하였습니다.

유 목사님은 제주극동방송(HLAZ, AM 1566Khz, FM 101.1Mhz)을 통해 해방 이전 북한 여러 곳에 있었던 교회들에 대한 이야기를 나누는 "무너진 제단을 찾아서"(매주 목요일 오전 10시 25분 -40분)라는 프로그램을 담당하고 있는데 「북선전도약사」를 기초로 하고 관련자료들을 참고하여 세 편의 프로그램을 만들어 방송하였습니다.

여기에 그 방송원고를 옮겨 싣습니다.

제주극동방송(원래 이름 아세아방송)은 국내 민간방송 가운데 최대인 250kw의 출력과 지향성, 공간파(空間波: Sky Waves)라는 특수한 방식으로 북한 · 중국 · 구소련 등을 향해 전파를 발사하고 있는데 유 목사님은 1990년대에 이 방송의 초대 본부장을 지내면서 방송사의 건물을 신축하고 방송사의 기틀을 놓았습니다.

"무너진 제단을 찾아서"는 바알의 선지자들과 싸우는 엘리야의 이야기를 적은, 열왕기상 18장 가운데 30절의 "그가 무너진 여호와의 제단을 수축하되"에서 따 온 것으로 북한교회 재건의 염원을 담고 있는 제목입니다.

진행 담당은 한경은(韓京恩) 아나운서입니다.

1. 청진감리교회 편(함북 청진 소재: 2010년 6월 3일 방송)

– 매주 목요일 이 시간에는 북한복음화의 꿈을 새롭게 하면서 해방 전 북한 여러 곳에 있었던 교회들의 이야기를 듣고 있습니다.
북한교회연구원 원장 유관지 목사님이 전화로 연결되어 있는데요, 목사님 안녕하십니까? 오늘은 청진감리교회 이야기를 해 주시겠다고 했는데, 청진은 함경북도의 도 인민정부 소재지이지요.
청진에 있는 교회를 찾는 것은 오늘이 처음인데 먼저 청진이 어떤 곳인지 말씀해 주시기 바랍니다.

지금 말씀해 주신 것과 같이 함경북도의 도 인민정부 소재지이고, 북한에서 몇 번째 안에 드는 큰 도시입니다. 한때는 직할시였었습니다. 북한에서 직할시는 도급(道給)의 행정단위입니다.
우리나라의 '구(區)'를 북한에서는 '구역'이라고 합니다. 구역을 가지고 있는 도시는 몇 되지 않는데 청진에는 일곱 개의 구역이 있습니다. 동은 무려 93개이고 14개의 리(里)가 속해 있습니다.

청진이라는 이름은 청진이 청암산이라는 산 앞 나룻가에 있기 때문에 붙여졌습니다.

– 정말 큰 도시이군요. 청진은 함경북도에 있는 도시인데 장로교와 감리교 선교사들이 선교지역을 나눌 때 함경남북도는 캐나다장로회가 선교를 담당하기로 결정되어서 함경도에는 장로교회들이 많았고 성결교회와 구세군 영문이

한두 개씩 있었던 것으로 알고 있습니다.
다시 말씀드려서 함경도에는 공동선교구역이었던 원산을 제외하고는 감리교회가 없었던 것으로 알고 있는데 오늘 청진감리교회에 대해서 말씀하신다고 하니까 의아하게 여기는 방송가족들이 많을 것 같습니다.

맞는 말씀입니다. 그런데 1930년대 후반기에 들어서면서 선교지역 분할 원칙이 깨졌습니다. 선교지역 분할 협정은 지금 말씀하신 것과 같이 장로교와 감리교 선교부들끼리의 협약이었는데 이제 한국인 목사님들이 교회를 이끌게 되니까 그렇게 된 것 같습니다.
1940년대 전후해서는 장로교는 감리교 선교구역이었던 곳, 감리교는 장로교 선교구역이었던 곳을 택해 선교에 더욱 힘쓴 흔적도 있습니다.

– 그렇군요. 청진감리교회는 언제 설립되었습니까?

1940년 1월 23일에 설립되었습니다. 안흥석이라는 감리교인이 청진으로 이사와서 자기 집에서 예배를 드리면서 전도를 했습니다. 청진이 워낙 큰 도시이니까 사람들이 많이 모였습니다.
이들이 감리교 본부에 정식으로 교회를 설립해달라고 요청을 했습니다.
당시 감리교에서는 본부를 총리원이라고 불렀는데 감리교 총리원에서는 전도국 위원장을 보내 현지조사를 하게 했습니다.
전도국 위원장 오기선 목사님이 청진에 다녀와서 보고하기를 청진은 대단히 번성하는 도시이고 그곳의 감리교인들이 열심이라고 했습니다.

총리원에서는 이 보고를 듣고 교회 설립을 인준해서 청진감리교회가 탄생하게 되었습니다.
교회가 시작될 때 입교인이 31인, 세례 받을 준비를 하고 있는 학습인이 6인, 믿기 시작한 원입인이 수십명이 있었습니다.
상당히 규모가 큰 상태로 출발한 것을 알 수 있는데 설립 전후부터 내분이 아주 심했다고 합니다.

– 청진감리교회를 담임했던 교역자를 소개해 주십시오.

당시 감리교는 파송제였습니다. 감독이 교역자를 어느 곳에든지 파송할 권리를 가지고 있었습니다.
총리원에서는 김진호(金鎭浩) 목사님을 파송했습니다. 김진호 목사님은 당시 서울의 삼청동교회와 궁정동교회를 담임하고 계셨고, 우리 나이로 예순여덟이었습니다.
청진감리교회가 설립되었을 때 아까 말씀 드린 것과 같이 교인들끼리 다툼이 심했습니다. 총리원에서는 이런 문제를 해결하려면 목회경험이 많은 중진목사가 필요하다고 판단하고 김진호 목사님을 파송한 것 같습니다.
김 목사님은 청진에 가셔서 많은 수고를 하시고 청진 주변의 어항·경성·주을·생기령에도 교회를 세우고 이끌었습니다.
감리교의 청진 선교는 김진호 목사님을 빼고서는 생각할 수 없다고 할 수 있습니다.

– 지금도 그렇지만, 당시 예순여덟이면 연세가 많은 편인데 낯선 곳의 개척설립교회를 맡아 최선을 다 하시는 모습에서 많은 것을 배우게 됩니다.
김진호 목사님에 대해서 좀 더 자세하게 말씀해 주시기 바랍니다.

김진호 목사님의 호는 애산(愛山)입니다. 목사이면서 동시에 독립운동가이셨습니다.

경북 상주에서 태어났고 한학을 공부해서 훈장생활도 했습니다. 그리고 시험을 거쳐 재무공무원 생활을 잠시 했는데 일본인 상관과 마찰이 일어나 그만두었습니다.

상동교회에 출석하면서 민족운동 지도자인 전덕기(全德基) 목사님의 지도를 받았습니다. 1916년부터 배재학교에서 성경과 한문을 가르치면서 배재와 깊은 인연을 맺었습니다.

민족대표 가운데 한 분인 이필주(李弼柱) 목사님이 정동교회를 담임하고 계실 때 정동교회에서 전도사 생활을 했습니다.

3·1 운동이 일어났을 때 김진호 목사님은 독립선언서를 각국 영사관에 전달하는 임무를 맡아 배재학교 학생들과 함께 이 일을 했습니다.

이 일로 옥고를 겪었고 감옥에서 나온 다음에도 배재로 돌아가지 못하고 인천 내리교회를 섬기다가 배재학교 교목으로 부임해서 일하시다가 정년퇴임하시고 아까 말씀 드린 것과 같이 삼청동교회와 궁정동교회를 담임하고 있다가 청진으로 가셨습니다.

김진호 목사님은 청진을 비롯해서 함경북도 일대에서 전도하신 일을 자세하게 적은 「북선전도약사(北鮮傳道畧史)」라는 기록을 남겼는데요, 오늘 말씀 드리는 내용은 이 「북선전도약사」를 많이 참고한 것입니다.

앞으로 이 「북선전도약사」를 가지고 청진과 그 주변에 있었던 감리교회들의 이야기를 몇 번 더 하게 될 것입니다.

김진호 목사님은 청진에서 8·15 해방을 맞이했는데 흥미있는 것은 「북선전도약사」에 8·15 해방을 '사변(事變)'이라고 적고 있는 것입니다. 사변이라는 것은 천재나 변고, 내란을 가리키는 말이지요. 6·25를 '6·25 사변'이라고 많이 말하지 않습니까?
일본이 항복을 하자 곧 소련군이 들어와 행패를 부리고 공산당의 통치가 시작되었기 때문에 해방을 그렇게 표현하는 것 같습니다.
「북선전도약사」에는 소련군의 군정 치하에서 교회가 겪은 어려움이 생생하게 적혀 있습니다. 김진호 목사님도 소련군에 의해 50여일 간 구금되어 많은 고생을 했습니다.
청진감리교회의 2대 담임목사이며 동시에 마지막 담임목사님은 유득신(劉得信) 목사님이었습니다.

– 유득신 목사님은 어떤 분입니까?

배재학교를 졸업하셨고, 독립운동가였습니다. 평안북도와 중국동북지역에서 목회를 하였고 김진호 목사님의 부탁으로 청진교회를 담임하게 되었습니다.
유득신 목사님은 6·25 전쟁 때 철원에서 공산군에게 순교당하셨습니다.
제가 유득신 목사님과 같은 묘금도 유(劉) 씨인데 묘금도 유 씨들은 유 씨 가운데 훌륭한 분 가운데 하나로 유득신 목사님을 꼽고 있습니다.

– 청진감리교회의 주소와 현재 행정구역 이름을 알려주십시오.

청진감리교회는 예배처소를 여러 번 옮겼습니다. 설립될 때는 함경북도 청진부 포항동 87번지에서 예배를 드렸습니다. 그 다음에 경실학교(景實學校)로 옮겼다가. 고아원으로 옮겨 예배드리다가 1945년에 화원동 23번지로 옮겼는데, 그 집을 사서 감리교 이름으로 등기를 하고 예배를 드렸습니다. 그런데 이 화원동이라는 이름은 청진이나 그 주변의 과거와 현재 행정구역을 모두 찾아보아도 나오지 않습니다.

청진감리교회는 포항동에서 첫 예배를 드렸는데 포항동은 확장되어 지금은 포항구역이 되었습니다.
포항구역 안에는 열네 개의 동이 있는데 청진의 남부지역에 있으면서 포항의 중심지입니다.
청진감리교회는 감리교 원산지방에 속해 있었습니다. 원산지방은 원래 동부연회에 속해 있었는데, 1945년에 분단이 된 다음에는 북한 지역의 감리교회들은 모두 서부연회에서 관할하게 되어 서부연회에 속하게 되었습니다.
그 때 평안도와 황해도 등 북한지역에 있던 교회들은 서부연회 관할 하에 있었습니다.

– 네, 오늘 청진감리교회 이야기를 잘 들었습니다. 다음 주일 이 시간에는 어느 교회의 이야기를 해 주시겠습니까?

다음 주일 이야기를 하기 전에 먼저 오늘 방송의 토대가 된 김진호 목사님의 「북선전도약사」를 제공해 주신 김주황 목사님께 감사의 말씀을 전하고 싶습니다.
김주황 목사님은 김진호 목사님의 손자로서 경기도 용인에 있는 애산감리교회를 담임하고 있습니다. 애산감리교회는 김진호 목사님을 기념해서 설립된 교회인데 애산은 먼저 말씀 드린 것과 같이 김진호 목사님의 아호입니다.
다음 주일 이 시간에는 평양에 있었던 창동교회(倉洞敎會) 이야기를 하려고 합니다. 만수대의 김일성 동상 부근, 만수대의사당 자리에 있었던 교회이지요.

– 오래간만에 평양에 있었던 교회의 이야기를 듣게 되어 기대가 됩니다.

목사님 수고하셨습니다. 안녕히 계십시오.

2. 생기령(生氣嶺)감리교회(함북 경성군 소재: 2010년 8월 26일 방송)

– 북한교회 재건의 꿈을 가슴에 품고 해방 전에 북한 여러 곳에 있었던 교회들을 찾아보는 "무너진 제단을 찾아서" 시간입니다.
북한교회연구원 원장 유관지 목사님이 전화로 연결되어 있었습니다.
목사님, 지난 주일 이 시간에는 평안남도 중화군에 있었던 절 사(寺)자, 용 용(龍)자 사룡리(寺龍里)교회에 대해서 말씀하면서 "사룡리"라는 이름은 교회에서 좋아하지 않는 이름인데, 이름과 상관없이 교회가 개척, 설립되고 성장했다는 것을 강조해 주셨죠.
오늘은 반대로 아주 성경적인 이름을 가진 곳에 세워진 교회 이야기를 해 주시겠다고 했는데요…….

네, 함경북도 경성군(鏡城郡)에 있었던 생기령감리교회 이야기입니다. 성경에 "생기"란 말이 여러 번 나오지 않습니까? 창세기 2장 7절에는 "여호와 하나님이 땅의 흙으로 사람을 지으시고 생기를 그 코에 불어넣으시니 사람이 생령이 되니라"는 말씀이 있고, 에스겔서 37장, 마른 뼈 골짜기의 환상 이야기에는 "주 여호와께서 이 뼈들에게 이같이 말씀하시기를 내가 생기를 너희에게 들어가게 하리니 너희가 살아나리라"라는 말씀이 있지요.

– 그렇군요. 생기령감리교회는 어디에 있었습니까?

함경북도 경성군 주을읍 직동리(直洞里)에 있었습니다. 주을은 온천으로 유명한 곳이지요.
이곳에 생기령 고개가 있습니다. 생기령 고개 밑에 샘물이 있었는데 이 샘물을 마시면 생기가 솟아 고개를 단숨에 넘을 수 있었다고 합니다.
해방된 다음에 북한은 주을읍 직동리를 생기령리라고 이름을 바꿨습니다.
생기령에는 질이 아주 좋은 고령토가 많이 생산되고 있습니다. 생기령에서 생산되는 고령토는 사기그릇을 비롯하여 여러 가지 도자기 제품을 만드는데 사용되고 있습니다.
참, 함경북도 무산군에도 생기령이라는 이름을 가진 고개가 있습니다.

– 생기령감리교회는 언제 설립되었습니까?

1942년 4월에 설립되었습니다. 원래 함경도에는 감리교회가 없었습니다. 함경도는 캐나다 장로교 선교구역이었거든요.
그런데 1930년대 후반기에 들어와서 선교지역분할정책이 잘 지켜지지 않으면서 감리교가 청진을 중심으로 함경도에 진출하게 되었습니다.
감리교 본부에서는 김진호(金鎭浩) 목사님을 청진으로 파송했습니다. 석 달 전쯤에 청진감리교회에 대해 말씀 드릴 때 김진호 목사님을 소개해 드렸는데 호는 애산(愛山)이고 독립운동에 앞장서신 분입니다. 지금 경기도 용인에 김진호 목사님을 기념하는 애산감리교회가 있습니다. 김진호 목사님의 손자가 담임하고 있지요.
3·1 운동 때 김진호 목사님은 배재학교 학생들과 함께 독립선언서를 각국 영사관에 전달하는 일을 했습니다.
배재학교 교목으로 오래 수고하셨고 배재학교에서 은퇴하신 다음에는 삼청동교회와 궁정동교회를 담임하고 있다가 감리교 본부의 파송을 받고 청진으로 가셨습니다.
1940년에 청진에 부임한 김진호 목사님은 그 일대에 다섯 개의 감리교회를 세우셨습니다. 먼저 청진감리교회를 세우셨는데 청진에는 이미 감리교인들이 모여 예배를 드리고 있었습니다. 그런데 교인들 간에 의견이 맞지 않아 대단히 혼란한 가운데 있었습니다.
김진호 목사님은 그 혼란을 잘 수습하면서 교회의 체제를 정비했습니다.

그 다음 해에는 경성감리교회를 설립했고, 그 다음 해인 1942년에는 주을과 생기령에 교회를 세웠습니다.
그리고 어항이란 곳에도 교회를 세웠습니다.
생기령은 아까 말씀 드린 것과 같이 고령토 탄광이 있어서 각 지방의 사람들이 모여드는 곳입니다. 김진호 목사님은 "여기에 감리교회를 세웠으면 좋겠다." 하는 마음을 갖고 있었는데 그곳의 전한영이라는 분과, 이연수라는 분의 협조를 얻어 교회를 세우게 되었습니다.
구백 원의 돈을 들여서 620평 대지에 여덟 칸 초가를 사서 예배당으로 삼았는데 약 삼십여 명의 성도가 모였다고 합니다.

– 생기령감리교회를 담임했던 교역자들을 소개해 주십시오.

노춘섭(盧春燮)이라는 분이 초대 담임전도사였습니다.
이 분은 그 때 65세였는데 원래 장로교 교인으로 함경북도 북부 지역에서 전도를 열심히 했습니다.
그런데 노춘섭 전도사님은 신비주의라고 할까, 열광주의라고 할까 하는 경향이 있었던 것 같습니다. 이 때문에 한 때는 교회가 어려움을 겪어 예배를 드리지 못할 지경에 이르렀는데 다시 문을 열고 36명의 교우가 모여 예배를 드리게 되었다고 합니다.
노춘섭 전도사님 외에 신종악 장로, 김대일 장로, 이런 분들이 교인들을 지도했고 한 때 김득수 목사란 분이 교회를 지도한 일도 있었습니다.

– 생기령감리교회의 주소가 함경북도 경성군 주을읍 직동리였다고 하는데 이곳의 현재 행정구역은 어떻게 됩니까?

함경북도 경성군 생기령로동자구입니다. "로동자구"는 잘 아시는 것과 같이 노동자들이 많이 모여사는 곳에 붙이는 행정구역 이름인데 이곳에는 고령토 탄광에서 일하는 노동자들이 많습니다.
생기령로동자구는 경성읍에서 십리 밖에 안 떨어진 곳인데 경성은 1900년을 전후해서 40년 간 함경북도의 도청 소재지였습니다. 함경도라는 이름은 함흥에서 '함'을 따고, 경성에서 '경'을 따서 만든 것입니다. 경성은 그만큼 번성한 곳이었습니다.
생기령감리교회가 있었던 생기령로동자구는 평라선(平羅線) 철로가 통과하고 청진으로 가는 도로도 있어 교통이 아주 편한 곳입니다.

– 오늘 생기령감리교회 이야기를 나누면서, 자꾸 에스겔서 37장이 생각납니다. 골짜기에 마른 뼈들이 가득했는데 에스겔이 하나님의 말씀을 따라 대언하니 뼈들이 서로 연결되고, 생기가 들어가니까 그 뼈들이 곧 살아나서 일어나 서는데 극히 큰 군대라고 기록되어 있지요. 지금 북한은 영적으로 볼 때 뼈가 가득한 골짜기와 같은데 생기가 들어가서 일어나 서게 되기를 바라는 마음이 간절합니다.
목사님, 다음 주일에는 어느 교회 이야기를 해 주시겠습니까?

백천(白川) 성공회의 이야기를 준비하고 있습니다.

– "무너진 제단을 찾아서" 이 시간에 성공회 이야기를 하는 것은 처음인 것 같습니다. 다음 주일 이 시간이 기다려집니다.
목사님, 수고 많으셨습니다. 안녕히 계십시오.
여기에서 방송가족 여러분에게 알려 드립니다. 저희 극동방송 홈페이지에 들어오면 이 "무너진 제단을 찾아서" 시간에 방송된 방송원고를 그대로 볼 수 있습니다.
극동방송 홈페이지에 들어오셔서 제주, 사랑의 뜰안, 북한교회를 차례로 클릭하시면 되는데요, 요즘 방문자들의 숫자가 꾸준히 늘어나고 있는 것을 볼 수 있습니다.
방송된 내용에 대한 보충이나 질문도 환영하고, 가지고 계신 자료를 올려주시는 것을 특별히 기다리고 있습니다.
그리고 찾고 싶은 교회의 이름을 올려주시면 이 시간에 다루도록 하겠습니다.

3. 청진(淸津)과 주변의 감리교회들(2011년 2월24일 방송)

– 무너진 제단을 찾아서, 네 해방 이전 북한 여러 곳에 있었던 교회들, 지금은 무너져 폐허가 된 것이 거의 확실한 교회들을 찾아 그 이야기를 듣는 시간입니다.
북한교회연구원 원장 유관지 목사님이 전화로 연결되어 있습니다.
목사님 안녕하십니까?
오늘은 함경북도 청진과 그 주변에 있었던 감리교회들의 이야기를 들려주시겠다고 하셨는데, 여러 번 말씀드렸습니다만 함경북도와 함경남도는 캐나다 장로회 선교구역이 아니었습니까? 그래서 함경도는 공동선교구역이었던 원산을 빼고는 감리교가 없었던 것으로 알고 있는 분들이 많은데요, 함경북도 청진에 어떻게 해서 감리교회들이 세워지게 되었는지 다시 한 번 말씀해 주시기 바랍니다.

우리나라에 들어온 장로교와 감리교 선교사들은 선교지역을 나누어서 선교하기로 협정을 맺었습니다. 이 협정은 오랫동안 철저하게 지켜졌습니다. 장로교 선교구역으로 정해진 곳에 감리교회가 들어가는 일이 없었고, 반대로 감리교 선교구역에 장로교회가 들어가는 일이 없었습니다.
어느 곳에 장로교회가 있었는데 그 지역이 감리교 선교구역으로 결정되었으면 그 장로교회는 감리교회로 교파가 바꾸어졌습니다.

그런데 1930년대 말에 이 선교지역 분할협정이 깨어집니다. 1939년 5월에 열린 감리교 제7회 합동연회 회의록에 "이미 장로교와 감리교 구역이 철폐된 이상 중요 지역에 감리교회를 확장할 것" 이런 기록이 나옵니다.
이 결정을 실천에 옮기려는 것인지 그 때 감리교 감독이던 정춘수(鄭春洙) 목사가 함경북도의 중심 도시인 청진에 감리교회를 설립하기로 마음을 정하고 목회에 경험이 많은 김진호(金鎭浩) 목사님을 청진에 파송했습니다.
정확하게 말하면 그 때 청진에 감리교회의 이름으로 모이는 모임이 이미 있었는데 교인들끼리 의견이 맞지 않고 잡음이 심해서 이 문제를 해결하고 정식으로 감리교회를 설립하도록 김진호 목사님을 보낸 것입니다.

– 김진호 목사님은 목회자이면서 동시에 독립운동가이셨다는 말씀을 해 주신 것이 기억납니다. 다음 화요일이 3·1 만세

운동 92주년이 되는 날인데 3·1 만세운동 때 김진호 목사님은 독립선언서를 각국 영사관에 전달하는 임무를 맡아 배재학교 학생들과 함께 이 일을 했고 그 때문에 옥고를 치렀다고 하셨지요.

김진호 목사님은 1940년 6월에 청진에 가셔서 먼저 청진감리교회를 수습해서 정상적인 교회가 되게 하고, 이어 경성(境城)감리교회와 주을(朱乙)감리교회와 어항(漁港)감리교회와 생기령(生氣嶺) 감리교회, 이렇게 다섯 개의 감리교회를 세우셨는데 그 가운데 청진감리교회와 생기령감리교회에 대해서는 이 시간에 이미 말씀 드린 일이 있습니다.

– 청진감리교회와 생기령감리교회에 대해서 더 알고 싶은 분은 저희 제주 극동방송 홈페이지에 들어와 보시면 그 방송원고가 그대로 올려져 있는 것을 보실 수 있습니다. 오늘은 경성감리교회와 주을감리교회와 어항감리교회에 대한 이야기가 되겠는데요, 먼저 경성감리교회에 대해 이야기 해 주시기 바랍니다.
경성감리교회는 언제 세워졌습니까?

– 1941년 3월에 세워졌습니다. 1930년대 말 이후는 흔히 한국교회의 암흑기라고 말하는 때입니다. 신사참배가 가결되고, 일본 당국의 압제가 날로 심해지고, 교회 지도자들이 뜻을 굽히고 일본에 협력하는 일이 많아지던 때였죠.
그런 가운데에서도 교회가 꾸준히 설립되었다는 사실이 매우 감동적입니다.
김진호 목사님이 청진감리교회에서 열심히 목회하고 있는데 경성의 신종악(申鍾嶽)이라는 분이 와서 "제가 사는 곳에 예배 모임이 있으니 오셔서 예배를 인도해 주십시오." 부탁을 하였다고 합니다.

신종악이란 분은 술과 담배를 매우 좋아하던 분이었는데 부인이 먼저 예수를 믿고 남편에게 전도하여 예수를 믿게 되었다고 합니다. 부인의 이름은 엘리사벳이라고 기록되어 있습니다.

신종악 씨는 술과 담배를 끊고, 술·담배에 들어가던 비용을 모아 기도실을 만들어 예배를 드리고 있었다고 합니다.

그 동네 청년 한 사람이 사회주의 운동을 하다가 일본 경찰에게 고문을 많이 받고 정신이상이 되었는데 아무도 손을 댈 수 없는데 신종악 씨가 이 청년에게 문간방을 내주고 보호하고 있었는데 이 청년은 신종악 씨에게는 꼼짝을 못 했다고 합니다.

동네 사람들이 그것을 보고 칭찬을 많이 했다고 합니다.

김진호 목사님이 그곳에서 예배를 인도하기 시작해서 경성감리교회가 공식으로 설립되었습니다.

– 참, 경성은 어떤 곳입니까? 일제 강점기에 서울을 경성(京城)이라고 해서 혼동이 되기도 하는데요….

경성은 청진시의 남쪽, 함경북도 중부 해안에 위치한 곳입니다. 예전에는 대단히 번성하던 곳으로 1800년대 후반부에서 1900년대 초반부까지는 함경북도의 도청소재지였습니다.

– 경성감리교회의 담임교역자들을 소개해 주십시오.

첫 담임자는 한국보(韓國補) 전도사님이었습니다. 이 분은 원래 장로교 교역자로 회령읍(會寧邑)교회를 담임하고 계시다가 경성감리교회로 오게 되었습니다. 그 때는 교역자들이 이렇게 교파를 바꾸는 일들이 있었습니다.
한국보 전도사님은 목사 안수를 받은 뒤 평안남도 성천교회를 담임하고 있다가 6、25전쟁 당시 공산군에 의해 순교당했습니다.

– 다음은 주을(朱乙)감리교회 이야기인데요, 주을이라고 하면 온천이라고 유명한 곳이 아닙니까?

그렇습니다. 북한은 주을온천을 1981년에 경성온천으로 이름을 바꾸었습니다. 북한의 대표적인 온천이고 요양지이지요.
주을은 행정구역 이름이 여러 번 바뀌었는데 지금은 함경북도 경성군 하온포로동자구(下溫堡勞動者區)가 되어 있습니다.
김태옥(金泰玉) 전도사라는 분이 중국 동북지역에 살다가 주을에 와서 철공업을 하면서 전도를 했다고 합니다. 김진호 목사님이 이것을 알고 힘써 1942년 2월에 정식 교회로 설립되게 했습니다.
김득수(金得洙) 목사님이 첫 담임자였고, 그 다음에 김명수 목사님이 담임했습니다.

– 마지막으로 어항감리교회 이야기입니다. 어항이라고 하면 물고기를 기르는데 사용하는 유리 항아리라는 뜻도 있고 [魚缸], 고기잡이 배들이 머물고 출항하는 항구[漁港] 라는 뜻도 잇는데요….

두 번째입니다. 이 어항이라는 이름은 지금도 남아 있습니다. 현재의 행정구역 이름은 함경북도 청진시 수남(水南)구역 어항동입니다.

– 수남구역의 보안서장이 주민들을 강하게 탄압해서 원성을 샀는데 이달 초에 퇴근길에 괴한들이 던진 돌에 맞아 숨졌다는 보도가 최근에 있었지요.

어항동은 이름 그대로 어선들이 많이 정박하는 항구를 낀 마을입니다.
김진호 목사님이 이곳에서 정고송이라는 청년의 집을 월세 25원에 빌려 교회를 시작했습니다. 이것이 어항감리교회입니다.

– 청진감리교회를 비롯해서 오늘 소개해주신 경성감리교회·주을감리교회·어항감리교회가 모두 1940년대에 세워진 교회들인데 그 때는 아까 말씀해 주신 것과 같이 참 어려웠던 때이고, 있었던 교회도 없어지는 일이 많은 때가 아닙니까? 그런 때 꾸준히 교회들이 세워졌다는 것이 아까 말씀해주신 것과 같이 참 감동적입니다.
그리고 그 때는 교회에 대한 체계적인 기록이 거의 남아 있지 않을 때인데 청진 지방의 감리교회들에 대한 기록은 어떻게 해서 이렇게 잘 남아 있는지 궁금합니다.

그것은 김진호 목사님이 「북선전도약사(北鮮傳道畧史)」라는 기록을 남기셨기 때문입니다. 이 「북선전도약사」에는 김진호 목사님이 1940년에 청진에 가서 1947년에 그곳을 떠나기까지의 일들이 비교적 소상하게 기록되어 있습니다.
지금 "그 때는 참 어려웠던 때"라고 하셨는데 정말 어려운 때였습니다. 일제의 탄압이 심해서 김진호 목사님도 여러 번 경찰에 불려 갔었구요, 교회 안에도 어려운 일이 많았습니다. 교인들의 분쟁도 심했고….

경제적인 어려움도 컸습니다. 「북선전도약사」를 보면 김진호 목사님의 사모님이 삯바느질을 하고 남의 빨래를 해 주어서 식생활을 해결하는 이야기도 기록되어 있습니다.
더 큰 어려움은 1945년 8월 15일, 해방이 된 후에 찾아 왔습니다. 김진호 목사님은 「북선전도약사」에서 8·15 해방을 "사변(事變)"이라고 적고 있습니다. 일본보다 더 사나운 소련 군대가 들어와서 행패를 부리니까 그럴 만도 하지요.

이 때 김진호 목사님도 50여 일 간 보안서에 구금되기도 했었습니다. 이 때 교회관계 서류와 책을 모두 압수 수색 당했는데 먼저 기록해 놓은 「북선전도약사(北鮮傳道略史)」도 함께 압수 당하고 돌려 받지 못했다고 합니다.
보안서에서 풀려 나온 다음에 기억을 더듬어 다시 기록한 것이 지금 그 후손들에게 전해지고 있는데 곧 출간될 예정이라고 합니다.
「북선전도약사(北鮮傳道略史)」에는 북한의 공산정권이 겉으로는 신앙의 자유를 보장한다고 하면서 실제로는 탄압하는 모습도 잘 묘사되어 있습니다.
그리고 북한이 만든 북조선기독교도련맹이라는 단체의 모습도 구체적으로 그려져 있고, 그 당시 북한지역의 감리교회들이 서부연회를 중심으로 생존을 위해 몸부림치던 모습도 알려주고 있습니다.

– 지금 말씀을 들으면서 기록의 중요성을 다시 한 번 깨닫게 됩니다.

「북선전도약사(北鮮傳道略史)」의 기록 한 대목을 그대로 읽어 드리겠습니다.

1945년은 고난 가운데서도 주의 은혜가 풍성해서 금년 성탄 시에 경성에서 남녀 오인(五人)에게 세례를 주고 청진에서도 남녀 육인에게 세례 주고 어항에서는 몇 사람의 학습인(學習人)이 있었다.

소련군의 횡포가 심한 가운데에서도 성탄절을 맞이하고, 세례식을 하고, 또 처음 믿게 된 사람들에게 세례 받을 준비단계인 학습을 주고, 고난 가운데에서 할 일을 다하는 교회의 모습을 볼 수 있습니다.

– 네, 오늘 해방 이전 청진과 그 주변에 있었던 다섯 개의 감리교회 가운데 경성감리교회·주을감리교회·어항감리교회의 이야기를 잘 들었습니다.
다음 주일에는 어느 교회 이야기를 해 주시겠습니까?

지난 주일에는 평양에 있었던 서문밖교회, 오늘은 함경북도 청진에 있었던 교회들을 찾아보았으니 이제 황해도로 가려고 합니다.

황해도 겸이포(兼二浦)에 있었던 겸이포중앙교회에 대한 이야기를 나누기로 하지요.

– 목사님, 오늘도 수고 많으셨습니다. 안녕히 계십시오.

■ 기타 관련된 기록물들 발췌 정리

1. 통고문(通告文) 제3호(1940년 1월 23일)

일(一). 오래전부터 감리교회(監理敎會)를 신설(新設)키 위하여 세력준비중(勢力準備中)에 있던 청진(淸津)에 지나간 1월 17일에 전도국(傳道局)위원장(委員長) 오기선목사(吳基善牧師)를 파유(派遣)하여 모든 형편(形便)을 시찰(視察)한 후에 청진부(淸津府) 포항동(浦項洞) 87번지(番地)에다 위치(位置)를 정하고 기독교조선감리회(基督敎朝鮮監理會) 규칙(規則)을 따라 청진교회(淸津敎會)를 신설(新設)하고 담임자(擔任者)는 파송(派送)치 못하였으나 당분간(當分間)은 그곳 직원(職員)들로 하여금 인도(引渡)케함.

소화 15년 1월 23일

기독교조선감리회(基督敎朝鮮監理會)

감독(監督) 정춘수(鄭春洙)

〈조선감리회보 소화15년 2월 1일발행 pp.3〉

2. 청진교회설립(淸津敎會設立)

전도국위원장(傳道局委員長)

오기선(吳基善)

청진(淸津)은 함경북도(咸鏡北道)에 일대(一大) 도항어시(都港魚市)며 사업지대(事業地帶)이다. 수로(水路)로는 선편(船便)을 따라 내지(內地)와 직통(直通)되고 육로(陸路)로는 기차(汽車)를 연결(連結)하여 만주(滿洲)와 통행(通行)한다. 신문지상(新聞紙上)에 보도(報道)한 바 윤성평야(輪城平野)라 함은 청진부세(淸津府勢)를 확장(擴張)하여 나남(羅南)을 합병(合倂)한 부구획(府區劃)을 이름이다. 이 구역(區域)을 둘러 함경선(咸鏡線)의 나남(羅南), 강덕(康德), 윤성(輪城), 청진(淸津) 사역(四驛)이 배치

(配置)되였다. 이 부구역(府區域)에 장차(將次) 백만명(百萬名) 거주(居住)할 도시(都市)를 경영(經營)하고 모든 시설(施設)이 착착진행(着着進行)되고 있다. 즉금(卽今)에도 벌써 일철, 삼능, 방직, 유지등 큰 공장(工場)들이 서 있고 적은 공장(工場)들도 불소하다. 시가(市街)에는 2-3층 양제건물(洋製建物)의 상점(商店)이 즐비(櫛比)하고 도로(道路)가 광대(廣大)하며 이따금 공원구획(公園區劃)도 되어 있다. 교통(交通)으로는 시내(市內)버스가 송평(松坪), 어항(漁港), 나남(羅南) 등지(等地)로 부절(不絕)히 통행(通行)하고 있다. 해안(海岸)에는 어선(漁船), 상선(商船)이 장여림립(檣如林立)하여 한 부락(部落)을 이루었다. 그런고로 사방(四方)에서 혹은 육해간(陸海間) 혹은 취직자(就職者)가 구름같이 모여들어 벌써 도시(都市)에서 칠만여명(七萬餘名)의 주민(住民)이 살고 있다고 한다. 신흥(新興)이니까 물론 그렇겠지만 사업(事業)의 번창(繁昌)을 따라 속진세력(速進勢力)을 갖고 있다. 부수년래(不數年來)로 최대(最大) 도시(都市)를 이룰줄 믿는다.

차처(此處)에 일찍 장로교회(長老敎會)가 양처(兩處), 성결교회(聖潔敎會)도 양처(兩處), 구세군영(救世軍營)도 일처(一處)에 설립(設立)되여 있다. 감리교회(監理敎會)로는 증전(曾前) 춘천지방(春川地方)에서 전도사(傳道師)로 있던 안흥석(安興錫)〈전명식(前名植)〉씨가 저간(這間) 평양(平壤)과 대구등지(大邱等地)로 전거(轉居)하다가 작년(昨年) 삼월경(三月頃)에 청진(淸津)에 내왕(來往)하였다.

씨는 자기가족(自己家族)으로 더불어 자기집에서 주일(主日)에 예배하면서 열심전도(熱心傳道)하여 신신자(新信者)를 얻게 되고 또한 각처(各處)에서 왕래(往來)하는 감리교인(監理敎人)들도 알게 되고 특(特)히 만주국(滿洲國) 도문(圖們), 용정등지(龍井等地)에서 이주(移住)하는 감리교인(監理敎人)들도 있다. 작년(昨年) 추기(秋期)에 자급(自給)으로 세가(貰家)를 얻어 가지고 수십인(數十人)의 신도(信徒)들이 예배하면서 정식(正式)으로 감리교회(監理敎會)를 공인(公認)하여 달라고 총리원(總理院)에 수차청원(數次請願)하였다. 교제(敎弟)는 감독(監督)의 파유(派遺)를 받어 1월 14일(주일(主日))에 청진(淸津)에 도착(到着)하여 같이 예배하고 또 그 곳 형편(形便)을 본즉 교회를 설치(設置)치 않을 수 없었다. 그래 거기서 사일간(四日間)을 유(留)하면서 조석(朝夕)으로 기도회(祈禱會)를 보고 또한 학습(學習), 세례(洗禮), 입교(入敎), 성찬식(聖餐式)을 거행(擧行)하고 당회(堂會)도 조직선언(組織宣言)하여 감리교회(監理敎會) 설립(設立)을 공포(公布)하였다. 현재(現在) 입교인(入敎人) 31인과 학습인(學習人) 6인과 원입인(願入人) 수10인이 있다. 교회소재지(敎會所在地)는 청진부(淸津府) 포항동(浦項洞) 207번지(番地)요 예배장소(禮拜場所)는 양제(洋製) 이층옥(二層屋)인데 매삭(每朔) 세금(貰金) 20원식을 주고 인도자(引導者)는 교회창립자격(敎會創立者格)인 안흥석(安興錫)씨가 담당하고〈씨는 가세(家勢)도 넉넉지 못하나 교회를 위하여 자기사업(自己事業)을 중지(中止)하고 목사가 오실 때까지 교회를 돌아보아야겠다고 함〉 또한 목사가 속(速)히 오지 못할 경우(境遇)에는 여전도사(女傳道師)를 두고 교인을 심방(尋訪)케 한다고 한다. 이곳은 장래(將來)가 유망(有望)한 곳인데 교회사업(敎會事業)으로 퍽 기대(企待)가 큰 곳이다. 우리 기성교회(旣成敎會)서는 이곳을 위하여 기도하시고 우리 교역자(敎役者) 중에서는 그곳 교회 개척사업(開拓事業)을 위하여 자원(自願)하시고 가실 분이 있기를 바란다.

〈조선감리회보 소화15년 3월 1일발행 pp.13〉

3. 청진교회(淸津敎會)소식

[원산(元山)지방(地方)]
함북 청진교회에서는 지난 3월 3일에 여선교회를 조직하였다. 회장(會長) 편순남(片順男) 서기(書記) 김아심(金阿心) 회계(會計) 손영춘(孫榮春) 회원(會員) 15명
새로 오신 이정신(李貞信)전도부인의 환영회를 3월 10일에 거행하였다. 이 초창기에 있는 교회에 오신 이전도부인의 희생적 열심은 일반교우는 감격해 하였다. 더욱 그는 보수없이 일하게 되어 듣는 이의 옷깃을 여미게 한다더라.
〈조선감리회보 소화15년 4월 1일발행 pp.2〉

4. 통고문 제8호 (1940년 7월 1일)

구(九). 중부(中部)연회(年會) 경성(京城) 북지방(北地方) 삼청, 궁정구역(三淸,宮井區域)을 담임하였던 김진호목사(金鎭浩牧師)를 청진교회(淸津敎會)담임자로 임명(任命)함.
〈조선감리회보 소화 15년 7월 1일발행 pp.2〉

5. 만주교구방문기(2) 중에서

전도(傳道)주임 박연서(1941년 6월 17일)

6월 17일 鏡城(경성)
17일에 오후차로 경성(鏡城)을 향(向)하였다. 처음 예정(豫定)은 경성(鏡城) 잠간 들려 교회를 방문(訪問)하고 밤으로 청진(淸津)을 가려던 것이었다. 경성역(鏡城驛)에 내리니 김진호목사이하(金鎭浩牧師以下) 많은 분이 나와 반가히 영접(迎接)하여 준다. 거기에서 작정(作定)하기를 저녁집회(集會)를 경성(鏡城)서 하고 익일(翌日) 아침 청진(淸津)으로 가기로 하였다.

저녁을 성대(盛大)한 연회(宴會)로 하여 우리 일행(一行)과 청진(淸津)서 응원전도(應援傳道)하러 나온 수10명의 청년들을 환대(歡待)한다. 우리는 매우 감사하였다. 저녁에 특별강연회(特別講演會)가 있었고 청진(淸津)응원찬양대(應援讚揚隊)가 특색(特色)이었다. 강연회(講演會)가 마치자 감독(監督)의 환영회(歡迎會)가 있어 자리가 매우 은혜스러웠다. 경성(鏡城)교회는 청진(淸津)의 지교회(支敎會)로서 대무자(代務者) 한국보(韓國補)씨가 열심으로 전도(傳道)하여 좋은 성적(成績)을 거둔다. 이 교회의 두 가지 특색(特色)이 있으니 하나는 그 교회설립자(敎會設立者) 신종악(申鍾嶽)씨인데 그분이 기지(基地) 80여평을 바치어 예배당으로 반양제(半洋製) 30여평을 아름답게 건축(建築)하고 전도인(傳道人) 주택들을 세웠음이다. 전도인(傳道人)은 아무나 가도 불편함이 없이 살 수 있게 되었다. 다른 하나는 전도부인(傳道夫人)에 식량(食糧)을 공급(供給)하고 보수(報酬)를 드리기로 하였는데 전도부인(傳道夫人)의 쌀 항아리에는 엘리아 시대(時代)의 사렙땅 과부(寡婦)의 집과 마찬가지로 쌀이 언제나 가득이 차있다 한다. 그야말로 용지부갈(用之不竭)이다.

이는 물론 신자(信者)들이 옳은 손이 하는 것을 왼손이 모르게 하라는 그리스도의 교훈(敎訓)을 그대로 지킴이다. 다만 주의 은혜를 감사한다. 그 근방(近傍)에서 교회를 세워 달라고 청원(請願)하는데 일군이 부족하여 걱정이다. 주님께 일꾼을 보내여 주시옵소서 간구(懇求)할 것이다.

6월 18일 청진(淸津)

18일 아침차로 청진(淸津)에 들어와서 특별예배(特別禮拜)를 하였다. 청진교회(淸津敎會)는 소화(沼和) 15년에 당지(當地)에 있는 감리교인(監理敎人)들의 청원(請願)으로 당시(當時) 전도국(傳道局) 위원장(委員長) 오기선(吳基善)씨가 가서 교회를 조직(組織)하였다. 교단(敎團)에서 청진(淸津)의 적임자(適任

者)를 전형(銓衡)하다가 마침내 김진호목사(金鎭浩牧師)를 임명(任命)케되었다. 김목사(金牧師) 월임이후(越任以後) 교세(敎勢)가 발전(發展)하는 도상(途上) 뜻하지 아니한 악마(惡魔)의 작희(作戱)로 교회가 소란(騷亂)하였으나 지금(至今)은 평온(平穩)하고 일반교우(一般敎友)들이 일심(一心)으로 목사를 도와 교회를 섬긴다. 앞으로 소망(所望)이 많이 있다. 김목사(金牧師)의 늙으신 몸으로 강단(講壇)에서 쓰러질 각오(覺悟)로 희생(犧牲)하여 분투(奮鬪)하심을 더욱 감격(感激)한다. 청진교회(淸津敎會)서 점심을 마치고 도문행기차(圖們行汽車)를 탔다. 감독(監督)께 말씀은 하고 싶은데 시간이 없어 회령(會寧)까지 따라 오면서 사정(事情)을 보고(報告)하는 몇몇분도 있었다. 상삼봉(上三峰)서 국경(國境)을 넘는 지라 세관(稅關)에 들려 조사(調査)를 받고 철교(鐵橋)를 건너서니 여기가 만주국(滿洲國)이다.

〈조선감리회보 소화16년 10월 1일발행 pp.4, 6〉

6. 구제금분배(救濟金分配)

전기수입(前記收入)된 구제금(救濟金)을 좌(左)와 여(如)히 분배(分配)함

교단연맹후생부장(敎團聯盟厚生部長)

일금 100원 평양(平壤) 애린원(愛隣院)

일금 30원 청진(淸津) 고아원(孤兒院)

일금 30원 홍성(洪城) 고아원(孤兒院)

일금 40원 조선(朝鮮) 보육원(保育院)

〈기독교신문(基督敎新聞) 소화 17년 4월 pp.7 1942년〉

7. 청진교회(淸津敎會) 주관자 : 전도사(傳道師) 한국보(韓國補)

〈기독교신문(基督敎新聞) 소화 17년 5월 pp.4〉

8. 청진고아원(淸津孤兒院) 명칭변경

- 금회 본원의 명칭을 여좌(如左)히 변경하였삽기에 앙포(仰佈)함.
  1942년 6월
  청진(淸津) 자선원장(慈善園長) 안흥석
  구명 : 청진고아원(淸津孤兒院)
  신명 : 청진자선원(淸津慈善園)
  〈사업부문〉 보육원부, 양로원부, 탁아소부, 국어학원부
  〈기독교신문(基督敎新聞) 소화17년 6월〉

9. 함북(咸北) 경성(鏡城地方) (1942년 10월 18일)

- 전도사노춘섭씨(傳道師盧春燮氏)의 미거(美擧)
  노춘섭씨는 당년 65세의 노령 전도사로서 함북에 처음 기독교가 들어 올때 부터 주를 믿고 열심으로 전도하여 지금 무산(茂山), 부령(富寧), 회령(會寧), 경성(鏡城)등 각처에 널려 있는 장로교회가 다 그의 설립한 교회라 하여도 과언이 아니라 하겠다. 그가 생활고와 병고로 싸우는 중에 감리교회가 처음으로 경성(鏡城)지방에 들어와 전도를 시작하고 여러 교우들이 모여 기도하는 자리에 그도 함께 참석하여 기도한 결과 주님의 도우심으로 신병도 완쾌함을 얻어 전보다 더욱 열심으로 전도할 힘 을 내여 교회설립에 전력을 다하여 신앙동지인 신종악(申鍾嶽)씨와 김광호(金光浩)씨 두분과 손을 마주 잡고 힘써 전도하여 목사와 전도부인을 청빙하고 함북에 유일한 자립교회를 만들어 놓고 그가 전도사로 추천되여 경성(鏡城)교회를 중심으로 지교회를 주을(朱乙)에다 설립하고 생기령(生氣嶺)에도 설립되게 되였었다. 그동안 노전도사의 장남인 노상철(盧相哲)군은 본래 불신자로 부친의 신앙을 부인하고 자유로 집을 떠나 만주등지로 돌아다니다가 십(十)여년 만에 집에 돌아와 보고 온 집안이 신앙생활

로 은혜가 충만함을 보고 자기도 통회자복하고 믿기로 작정하였으며, 근일에 그 아들이 근검저축한 금전으로 부친의 생활을 돕는중에 얼마를 가지고 부친의 회갑잔치를 차릴려 하는 것을 부친이 아들의 청을 거절하고 그 돈을 달라하여 주을(朱乙)교회에 600원과 생기령(生氣嶺)교회에 700원을 기부하였다. 이 두 교회는 이 현금을 기금으로 하여 주을교회에서는 건물만 있는 집을 사고 생기령교회에서는 기지 620평과 초가 8간을 사서 예배당으로 사용하게 됨으로 일반교우들은 모두 주님께 영광을 돌리는 동시에 노전도사의 공로를 감사하여 마지않는다고 한다.

〈기독교신문(基督教新聞) 소화17년 11월 18일 pp.6〉

10. 청진자선원(淸津慈善園)에서

고아(孤兒)와 양로부인(養老婦人)을 영접(迎接)

함북(咸北) 청진(淸津) 포항정(浦項町)에 있는 청진자선원(淸津慈善園)에서는 사고무친한 고아들과 또는 교회에서 주님의 사업을 도와주던 할머니 중에 의지할 곳 없으신 분을 환영하여 양육하고 양노하게 되여 오던중 이번에 전선적으로 널리 알리워서 남녀고아로 무한의 수량과 또는 전선 각 교회에 양로를 받으실 할머니나 어머니에 한하여 5명만을 더 맞어 드리기 위하여 본사를 통하여 소개하여 달라는 부탁이 있다. 이제 누구시든지 의탁하실 분은 청진자선원장(淸津慈善園長) 안전흥석(安全興錫)씨에게 직접 문의하기 바라는 바이다.

〈기독교신문(基督教新聞) 소화17년 11월 25일 pp.2〉

各敎會洗禮人

清津教會役員 一九四二 昭和十七年度一月四日任命

牧師 金鎭法

傳道師 安興錫

副傳道師 趙鴻基

局長 陳成濟 韓吉岡

張蓮玉

金南沭

韓敬實

金元玉

信徒總代 趙鴻基

李東潤

朱尙弋

幹事 趙鴻基 管理 金貞里

李東潤

朱尙弋

主日學校長 金鎭法

壯年部長 安興錫

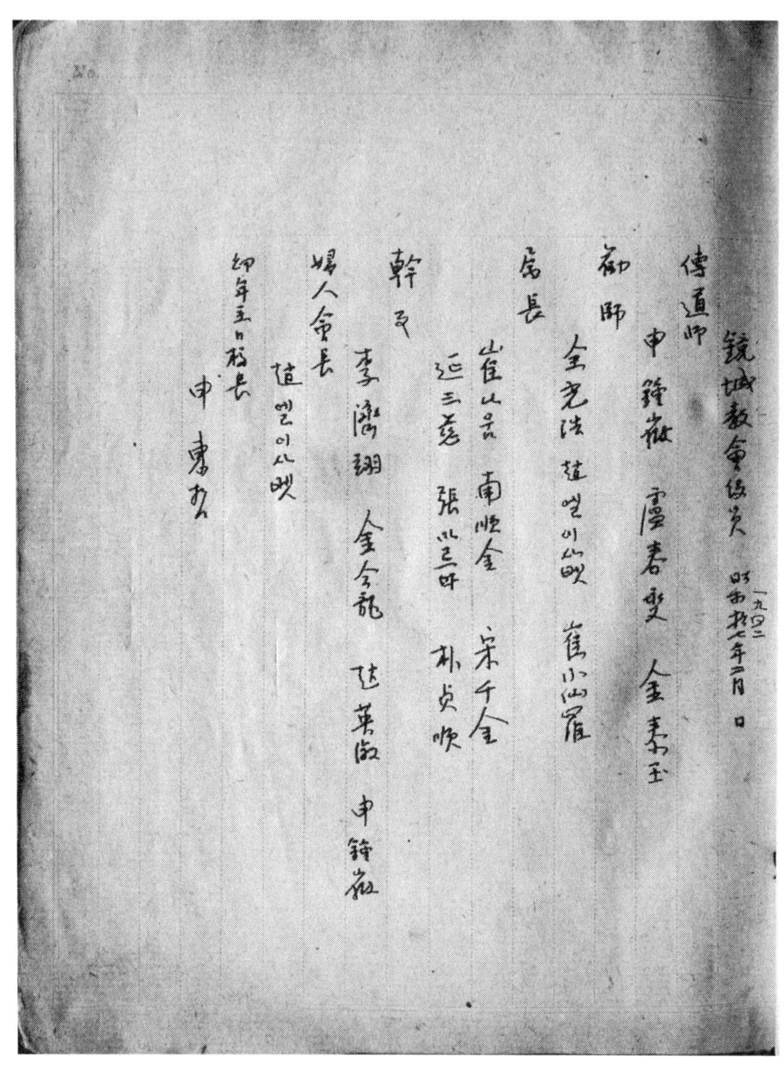

鏡城教會役員 昭和拾七年二月 日 (一九四二)

傳道師
申鍾嶽 盧春燮 金泰玉

勸師
金光法 崔엘이사벳 崔小仙

區長
崔사음 南順金 宋千金
延三慈 張사라 朴貞順

幹事
李濟翊 金今龍 陸英淑 申鍾嶽

婦人會長
崔엘이사벳

幼年主日校長
申東[illegible]

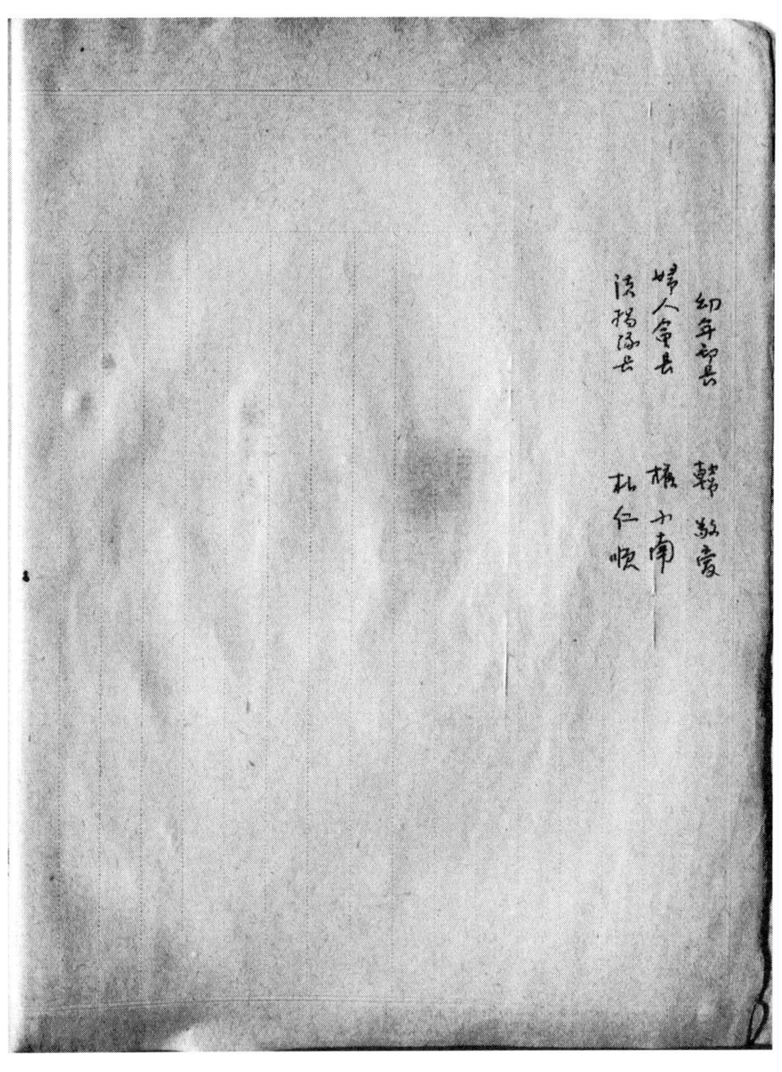

幼年部長 韓敬愛

婦人會長 權小南

讃揚係長 朴仁順

鄭京俊
宋玉仁
林明彦
金貞岩
朴宗玉
崔寅子
金貞姫
趙貞淑
崔玉別 夕永南附
男子 五人 女子 十九人
學習 以上 仝 夕永南附
女
林美子
安福順
趙順玉
姜順福
李松永
韓福順

鏡城教会

洗礼 昭和十七年四月五日 一九四二

男

李濟翊

金今龍

李龍奎

吳在默

丘斗永 [illegible]

女

韓千金

馬善純

崔馬利亞

全美聖

金貞子

李悅子

安眉暁

吳書琴

李玉福

李蘭植

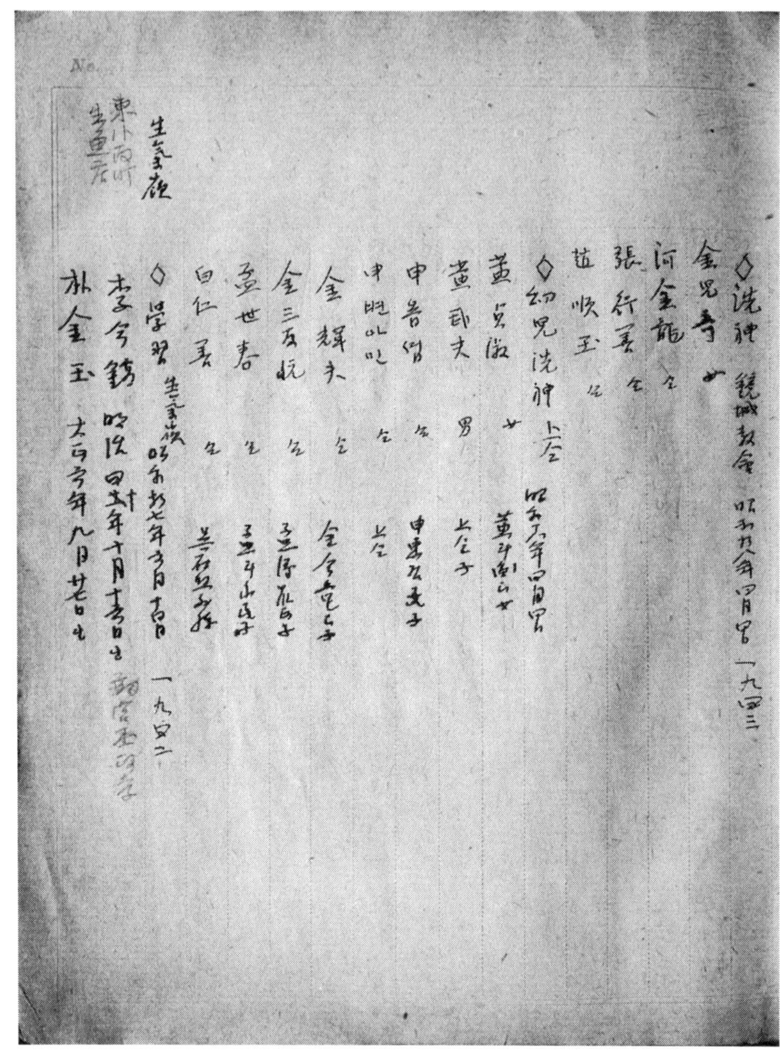

◇洗禮 鏡城敎會 昭和十八年四月四日 一九四三
金[illegible] 女
河金龍 仝
張行善 仝
趙順玉 仝
◇幼兒洗禮 上仝 昭和十八年四月四日
黃貞淑 女 黃[illegible]女
黃武夫 男 上仝子
申[illegible] 仝 申[illegible]子
申[illegible]아인 仝 上仝
金輝夫 仝 金[illegible]子
金三[illegible] 仝 [illegible]子
孟世春 仝 [illegible]子
白仁善 仝 [illegible]
◇學習 生氣嶺 昭和十七年[illegible]月[illegible]日 一九四二
李[illegible] 昭和四年十月[illegible]日生 [illegible]
朴金玉 大正[illegible]年九月[illegible]日生

生氣嶺

方
朴鳳萬
方一人 女六人
清津教會
◇洗禮 昭和拾七年四月十二日 一九四二
朱漢雲 男
張蓮玉 女
金順德 仝
韓茂玉 仝
權秀 仝
金奉恩 仝
蔡 金淑玉 大正二年十月二十日生
仝 張福女 大正九年三月八日生
仝 李美益 昭和二年十二月十九日
男子 俞[illegible] 大正七年五月八日生
李相三 昭和十七年一月初三日生
子 大玉 大正六年三月十日生
女 順玉 昭和二年一月廿八日生
[illegible]

金泰玉 明治二十年十二月十二日生

妻 마리아 仝二十三年一月廿三日

子 東柱 大正五年一月十七日生

女 信子 仝十四年九月二日生

仝 敬子 昭和三年十一月十日生

錫國 元年十月十六日生

妻 彩女 明治元年三月二十日生

子 應用 仝三十五年九月二十二日

婦 禾玉 大正十年五月十二日

孫 閏福 仝十五年五月十五日生

柳昌洙 明治二十四年十月五日生

妻 鳳姬 仝四十四年二月三日

子 春植 昭和十年一月六日

子 春命 仝十三年七月廿八日

子 春成 仝十五年四月三日

大山昌一 大正十五年十二月十四日生

母 金柳女

朱乙分會

李善遠 昭和二年十二月十六日生

◇ [illegible] 昭和七年五月廿日

崔秀[illegible] 明治四十年七月六日、夫崔良鍾

李秀子 大正五年二月廿五日、

全鳳南 大正五年五月廿五日、

方 崔良鍾 大正九年一月三日、

崔順[illegible] 昭和十三年六月廿五日、

朱乙分會

◇ 學習 昭和十七年五月十日 一九四二

女 [illegible]日玉 大正元年十月十日生

洪松子 大正四年七月廿八日生

尹玉仁 大正十四年十二月十五日

李[illegible]羅 大正四年九月十二日生

安彩玉 大正十年五月十五日生

南基海 大正六年四月七日生

方 安惠用 明治三十五年九月廿五日

安銀国 康德元年三月二十日生

南昌鳳 大正六年三月一日生

◇學習 浦項町 昭和拾八年十二月廿六日 於 一九四三

女 姜信順 大正九年十一月三十日生 年令 二四才

仝 李雲女 大正六年十月一日生 二七才

仝 董一玉 大正四年十二月二十日 二九才

仝 韓鳳學 明治四十三年一月三十日 三十五才

男 安田基柱 昭和二年三月十四日生

仝 安田德基 昭和三年二月廿九日生

仝 安田龍石 昭和五年三月廿九日生

仝 安田俊哲 昭和五年十二月三十日生

仝 安田俊弼 昭和七年九月十四日生

女 鄭時同 明治三十七年八月六日生

仝 李貞子 昭和三年一月二十四日生

◇洗禮 浦項町 昭和拾九年四月八日 [illegible] 一九四四

女 林沙羅 明治元年一月十三日生 金南洙大夫人

仝 韓鳳學 仝四十三年一月三十日生 安興[illegible]兄授

仝 姜信順 大正九年十一月三十日生

邑州面一四八 本 金河用 〃 大正十三年十月二十日生

父 七七号 本 金洪昌府面 〃 〃 明治四十年十月十七日生

明八 妻 金松子 大正四年七月廿八日生

母 柳月連 明治十年一月八日生

子 桃里 昭和十年十二月十二日生 〃 〃

◇學習 赤乙 昭和拾八年十月十日受洗 〃 〃 一九四三

女 崔金姜 〃 大正四年二月二十七日生

女 金明淑 〃 大正元年 明治四十五年一月二十九日

國金大應 明治三十三年二月二十七日 洗所

◇學習 漁港 昭和拾八年十二月二十四日 一九四三

女 鄭在順 昭和元年十月廿四日生

女 姜福姫 大正九年三月十一日生 洗序

〃 男 元高錫 大正拾四年八月六日生

〃 女 元永常 昭和五年十月十二日生

〃 女 和田文雄 昭和七年二月五日生

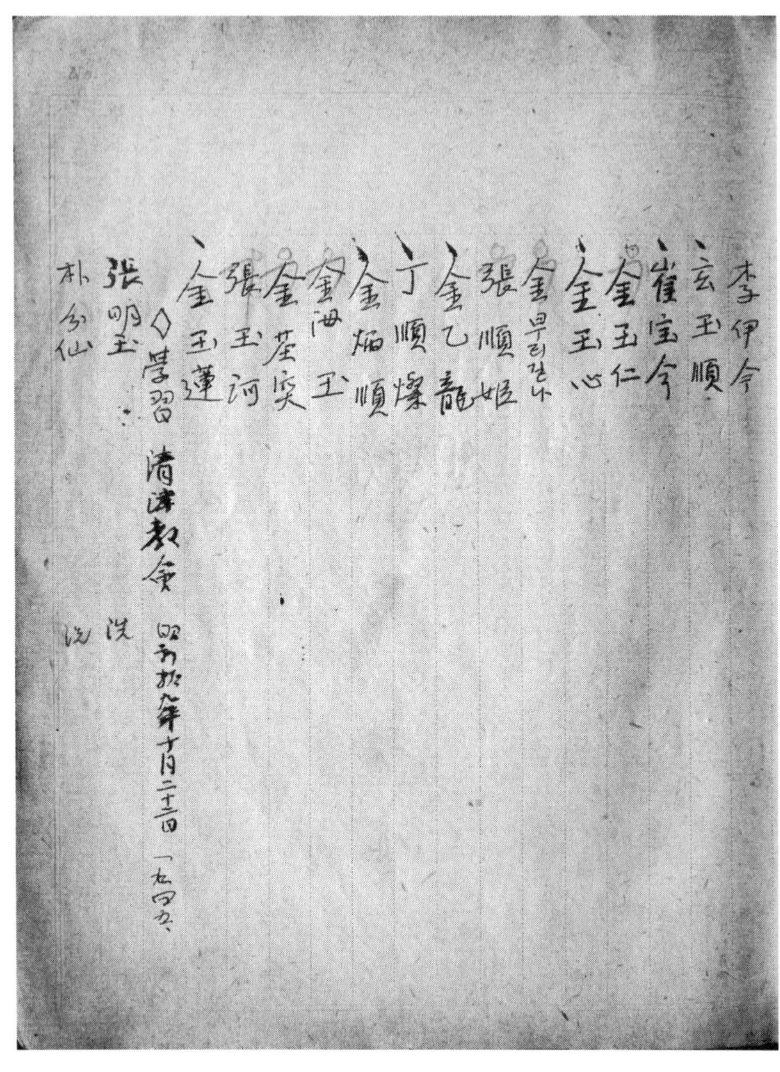

李伊今
玄玉順
崔宝今
金玉仁
金玉心
金무리갈나
張順姐
金乙龍
丁順燦
金炳順
金海玉
金茎实
張玉河
金玉蓮
◇學習
張明玉
朴分仙

淸津教會 [illegible]年十月二十三日 一九四六

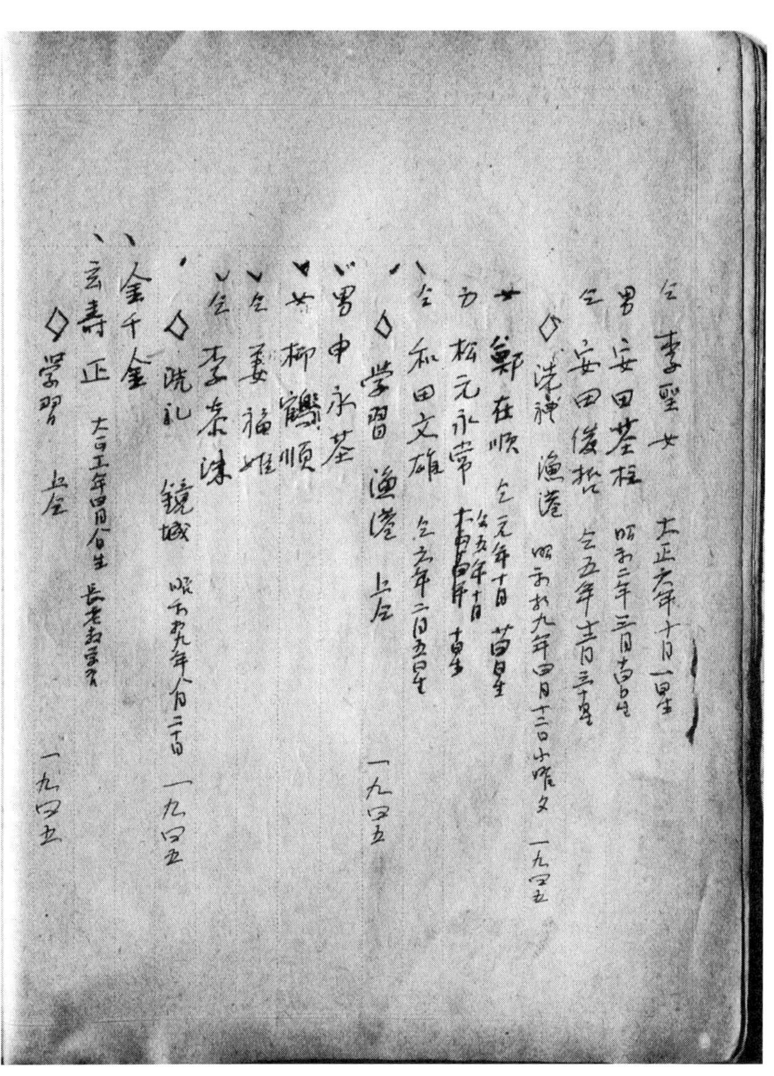

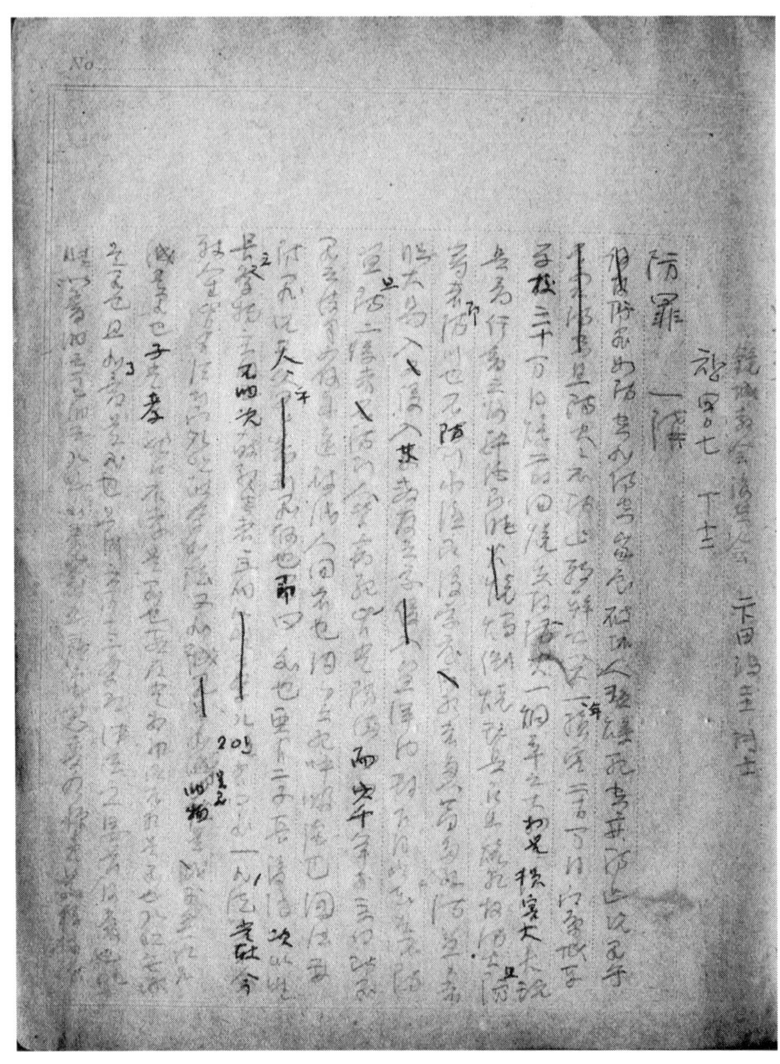

◇學習 清津 教會 昭和十九年十月 吉 一九四五

白用吉 大正十年二月十二日生

金洪乙 大正十年十月十七日生

◇學習 鏡城 一九四五年十二月三十日

女 李分金 一千九百十八年一月八日生

朴五穆 一千九百六年四月二十四日生

池倫典 一千九百九年六月廿四日生

劉雲德 一千九百二十九年七月九日生

崔玉蓮 一千九百年七月十六日生

金玉今 一千九百二十年三月十一日生

李仁玉 一千九百十三年六月二十四日生

金鳳今 一千九百二十四年十一月廿六日生

柳今鳳 一千九百八年十月二十三日

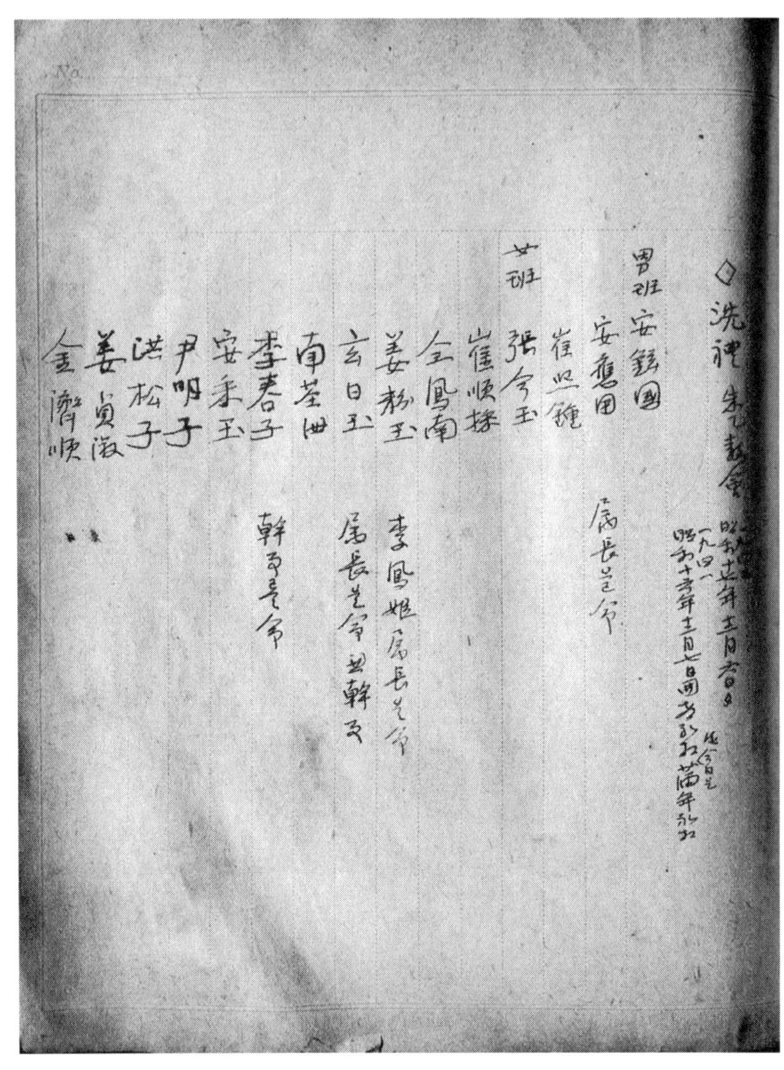

◇ 洗禮 [illegible]教會 [illegible]

男班 安鉉國
安應用
崔以鏈 屬長 [illegible]
女班 張令玉
崔順採
全鳳南
姜粉玉 李鳳姫 屬長 [illegible]
玄白玉 屬長 [illegible] 幹事
南基田
李春子 幹事 [illegible]
安秉玉
尹明子
洪松子
姜貞淑
金濟順

No.

○ 學習 鏡城 一九四二年十二月二十日 鏡前

男 楊根郁 一千八百八十八年十二月廿五日生

、 楊承哲 一千九百十八年十二月二十三日生

姜女周庚 一千九百二十年十月廿七日生

朴榮憲 一千九百二十年六月廿三日生

姜龍麟 一千九百二十年六月十五日生

尹啓彬 一千九百二十四年三月十日生

○ 洗礼 鏡城 一九四六年十二月三日

男 朴福萬 一千九百三年十一月十六日生

女 柳玉蓮 一千九百四年十一月十五日生

、 金聖玉 一千九百十年十一月二十三日生

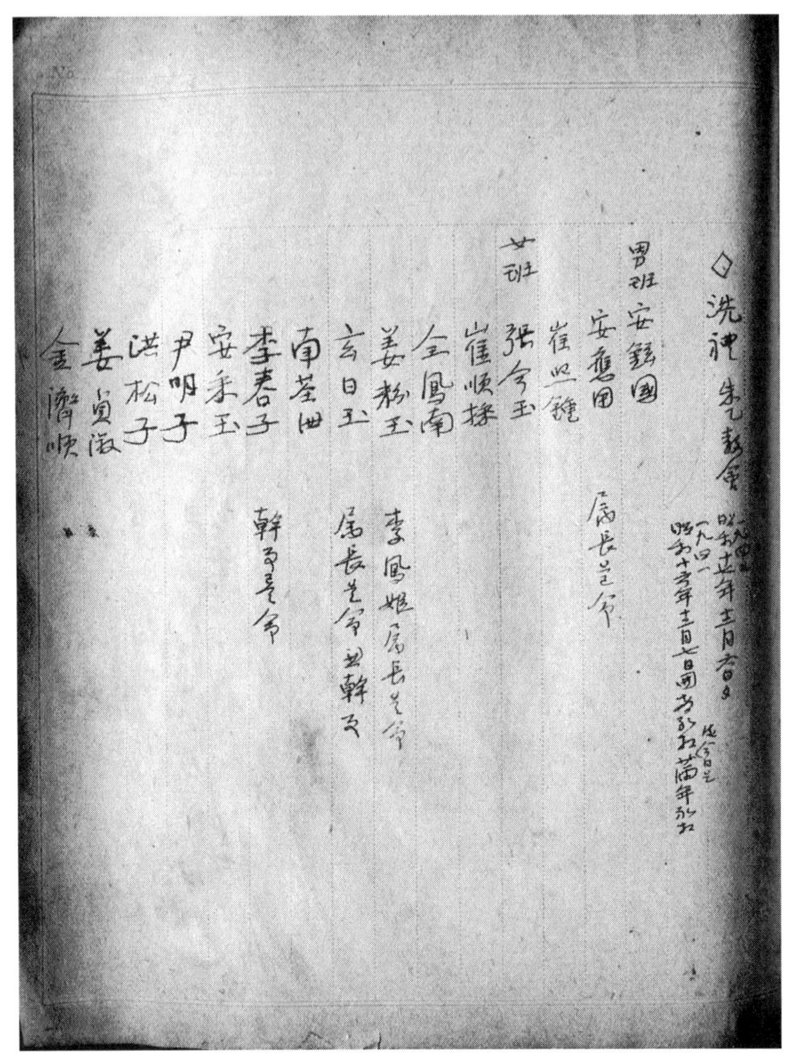

◇ 洗禮 [illegible]教會 [illegible]

男班 安鍾國

安應田 屬長 [illegible]

崔照鍾

女班 張今玉

崔順森

金鳳南

姜粉玉 李鳳姫 屬長 [illegible]

玄日玉 屬長 [illegible] 幹事

南基田

李春子 幹事 [illegible]

安秉玉

尹明子

洪松子

姜貞淑

金濟順

No.

三

◇學習 饒城 一九四六(二)年十二月二十日 [illegible]

男 楊根郁 一千八百八十八年十二月廿五日生

〃 楊承哲 一千九百十七年十一月二十三日生

姜周庚 一千九百二十七年十一月廿七日生

朴榮憲 一千九百三十年六月廿三日生

姜龍麟 一千九百二十年六月十五日生

尹啓彬 一千九百二十四年三月十日生

◇洗礼 饒城 一九四六年十二月三日

男 朴福萬 一千九百三年十一月十六日生

女 柳玉蓮 一千九百四年十一月十五日生

〃 金聖玉 一千九百十年十一月二十二日生

◇學習 鏡城敎會 一九四二 昭和十七年十二月二十日夕

女 一 金千金、

韓曾安、

尹金彬、

河金龍、 洗

張行善、 洗

李敬文、

◇洗禮 生氣嶺 一九四三 昭和十八年一月十日

女 一 金明子 昭和元年拾貳月拾九日生

李善蓮 仝二年拾貳月拾九日生

◇學習 仝 一九四三 昭和十八年一月十日

男 一 俞莫順 大正七年五月六日生

全漢麟 昭和二十三年十一月十七日生

女 一 安水孫 昭和三十五年十二月十九日生

◇洗禮 鏡城敎會 一九四三 昭和十八年四月四日

女 一 趙順玉 咸興重山

河金龍

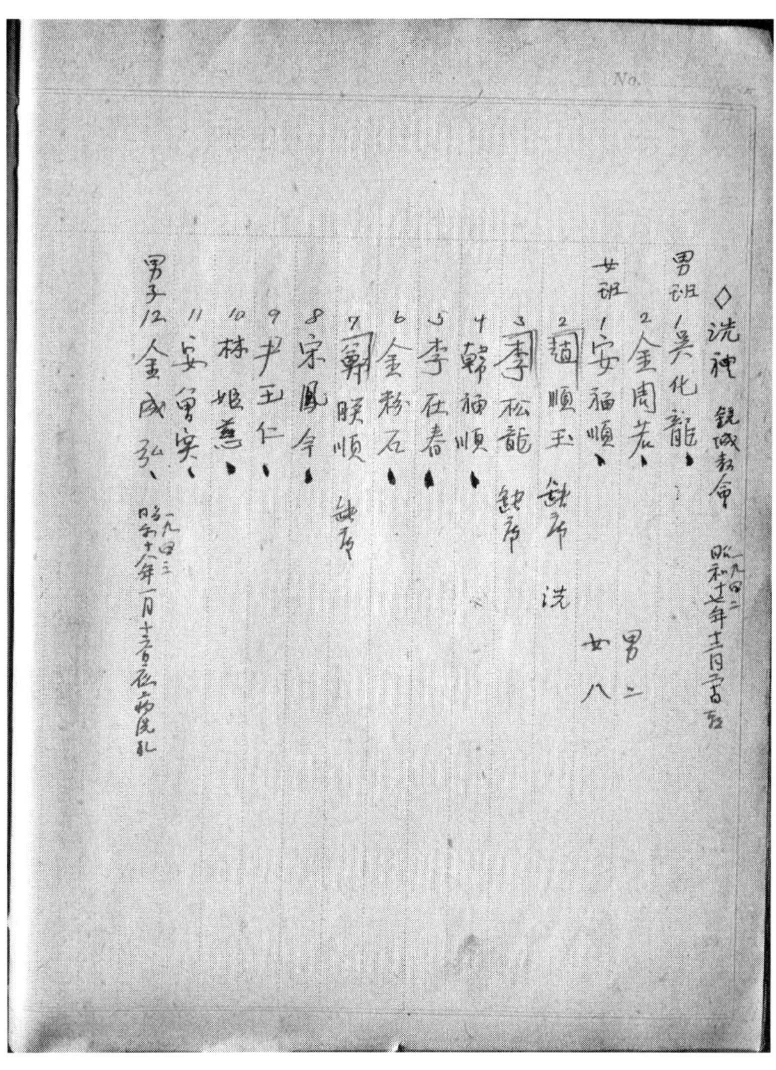

一九四四年

◇洗禮 鏡城 昭和十九年十二月十二日

、男 高濟璽 昭十三年二月十二日

、仝 李教文 昭十七年五月四日

、女 玄玉順 大正五年十二月廿日生

、仝 崔宝今 大正十一年九月十六日

、仝 金玉心 昭和四年一月廿三日 一系信者

、仝 金乙童 大正四年十二月十五日

、仝 丁順僕 昭和十四年七月六日

、仝 金福順 大正三年一月二日

、仝 金玉蓮 昭和十五年四月二十日

◇学習 鏡城 昭和十九年十二月十五日

、女 劉玉蓮 昭和十七年十二月十五日生

、朴今子 大正十二年一月二十二日

、申桂花 大正四年五月四日

、楊仙女 昭和三年九月十一日 旧畢善女

、徐湘淳 昭和二年八月十六日

、崔玉淳 大正十年一月九日

No.

金児喜
張行善
九児 申克愛 方
申経雄 同 方
金輝夫 方
黄茂夫 方
白仁善 方
黄貞淑 女
金三万児 方
鏡城 教会

長老按手式
一九四四年 昭和拾九年 六月二十七日 教区長 香川(清(田李教重))
諸長老按手 主記 牧師 金鏡洪 全鴻濬 氏의 補助로
昭和十四、六月十日 [illegible]
鏡城教会 申鍾嶽 昭和二十年 十二月 日 [illegible]
[illegible]教会 金泰玉 二年二月四日 [illegible]
清津教会 李鴻濬 昭和二十年 [illegible] 九月 日
仝 申昌均 昭和二十年十二月 日 平山昌均 上仝
漁港教会 黄鍾宇 一九四五年 [illegible]

金仁峯 昭和十年五月廿日生

金玉子 大正四年十二月六日生

◇洗禮 鏡城 昭和二十年四月十五日 一九四五年

李偕金伊 大正五年九月十九日生 南原吉子婦

姜順福 大正四年一月二十八日生 宋千金子婦

李貞今 大正九年十二月廿七日生

吳善女 昭和三十三年五月三日生

徐相學 昭和二十八年六月二十日生

◇學習 清津 昭和二十年五月十三日 一九四五

申桂順 大正十三年六月二十八日生 洗

金好玉 大正十三年十二月二十四日生 洗

陳春生 大正九年三月十三日生

李基千 昭和三十二年十二月二十八日生 洗

◇洗禮 清津 一九四六年十二月二十五日

男 李基千

女 李孝才

〃 金好玉

〃 金今禮

No.

◇洗礼 清津 昭和十九年十二月廿四日 一九四四年

女 黄一玉

張明玉

朴松美

李孝才池庵

男 白同吉

金洙乙

◇幼児洗礼 清津 昭和二十年四月八日 一九四五年 一九四五

男 金山清 昭和十八年一月十三日生 父 金山清九 金山今龍子

松山直市 昭和十五年六月八日生 父 松山正 朱南宏子

朴光應 昭和十八年六月九日生 父 朴光信 高永洙子

金仁官 昭和十六年六月十八日生 金吉男子

金仁植 昭和十九年一月二十日生 仝

女 李炫心 昭和十五年七月三日生 李東順女

仝 李炫福 昭和十八年十月十三日生 仝

◇学習 清津 昭和二十年四月八日 一九四五

趙南燦 大正十四年七月二十四日生 香山田一郎

崔寿吉 大正十五年一月二十四日 勤慶元

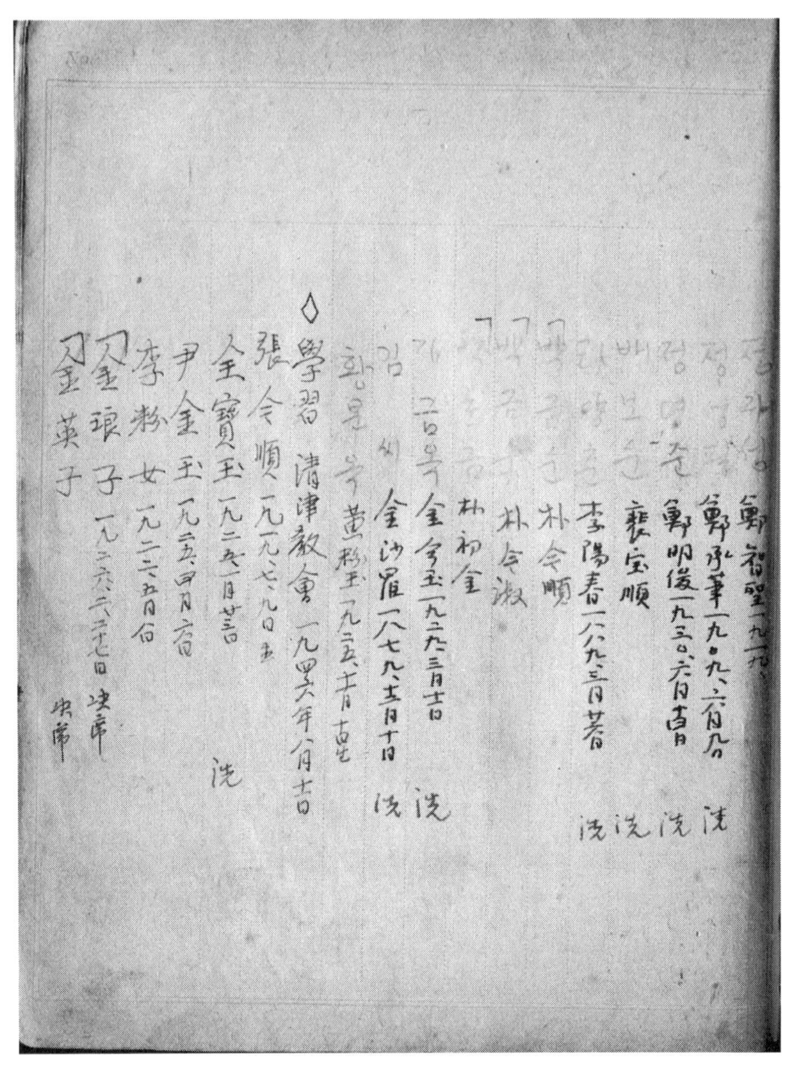

鄭智聖 一九一九、

鄭承華 一九〇九、六月八日 洗

鄭明俊 一九三〇、六月十四日 洗

裵宝順 洗

李陽春 一八八九、三月二十三日 洗

朴令順

朴令淑

朴初金

金令玉 一九二九、三月十日 洗

金沙眉 一八七九、十二月十日 洗

黃淑玉 一九三五、十月十四日

◇學習 清津教會 一九四六年八月十日

張令順 一九一九、七、九日

金寶玉 一九二五、一月十二日 洗

尹金玉 一九三五、四月五日

李淑女 一九二六、五月六日

劉琅子 一九二六、六、二十七日 缺席

劉英子 缺席

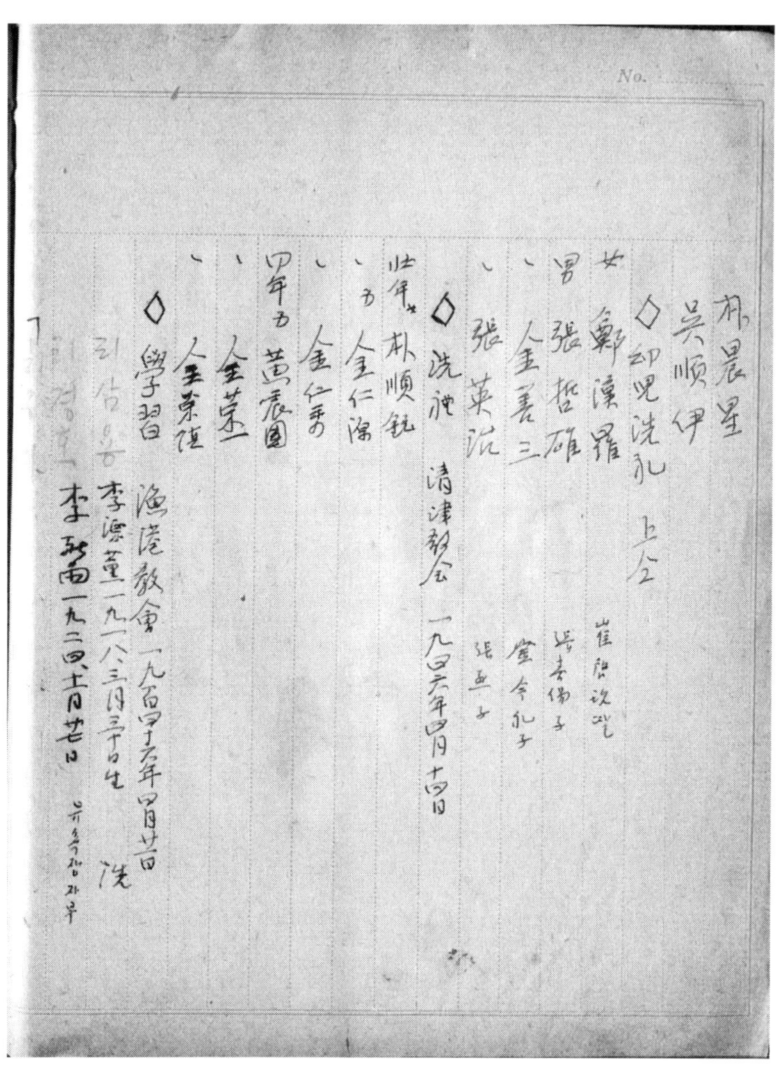

女 金明淑 一九二五年十二月三日生

幼兒洗禮 一九四七年四月十三日 清津

男 金仁雨 一九四六年七月十五日生

女 金堅淑 一九四六年十二月二十五日生

男 張哲鉉 一九四六年十二月十日生

仝 孫民福 一九四五年七月十五日生

女 林仁子 一九四四年六月二十六日生

男 朴仁民 一九四四年一月十五日生

女 金小禮 一九四四年三月二十六日生

學習 宋井門 一九四七年九月十四日 六月自清津四

女 林華世 一九三三年一月十四日生

女 金銀達 一九二八年九月五日生

男 吳世傳 一九二七年六月二十二日生

男 張基一 一九二五年四月十一日生

男 張貴鉉 一九二七年八月二十四日生

女 金連順 一九二七年九月十七日生

女 李不蘭 一九四五年十二月十七日生

女 朴玉淳 一九二七年十二月二十五日生

No. 1

李善述 一九二七、二月六日生 決席

申晶湜 一九二九、十月十七日

學習 清津教會 一九四六、九月二十九日三日

金英子 一九三〇、六月十三日生

楊蓮玉 一九二六、六月十四日生 洗

金琅子 一九二六、六月廿四日生

李善述 一九四六、二月六日寸 (二七)

金宗杰 一九一五、十月十九日生

洗禮 清津教會 一九四六年十二月

男 李康訓 一九一六年八月三日生

女 申桂順 一九二三年六月廿九日生

仝 金寶玉 一九二五年一月廿三日生

仝 申晶湜 一九二九年十月十六日生

仝 楊蓮玉 一九二六年六月廿四日生

學習 清津教會 一九四七年一月十二日

男 金政德 一千九百二十四年四月廿七日生

仝 李敬秀 一千九百二十九年七月八日生

女 玄福順 一八九四年十二月廿五日生